Georg Joseph Vogler

Betrachtungen der Mannheimer Tonschule

Georg Joseph Vogler

Betrachtungen der Mannheimer Tonschule

ISBN/EAN: 9783743326279

Hergestellt in Europa, USA, Kanada, Australien, Japan

Cover: Foto ©ninafisch / pixelio.de

Manufactured and distributed by brebook publishing software (www.brebook.com)

Georg Joseph Vogler

Betrachtungen der Mannheimer Tonschule

Betrachtungen
der
Mannheimer Tonschule.
Dritten Jahrganges
erste Lieferung
für den 15. Brachmonat 1780.

Summe der Harmonik,
auf deren Vermehrung und Verminderung
um eine einzige
Harmonie, Mehrdeutigkeit, Schlußfall, Ausweichung
der Preiß von 100 Carolinen steht,

gewiedmet

den wißbegierigen Tonliebhabern zur vollständigen und übersehenden Kenntniß; den
accompagnirenden Damen zur Erleichterung;
dem Berliner Rezensenten zur ewigen
Beschimpfung

vom

öffentlichen Tonlehrer
in Mannheim.

Erster Theil.
Mehrdeutigkeit der Harmonien und Schlußfälle der Töne.

§. 1.

Eine jede Harmonie der Leiter *) mit groser Fünfte enthält die Verhältniß einer grosen und kleinen Dritte. Ist die grose Dritte jene vom Hauptklange zur Dritte: so heißt es: eine harte Tonart; liegt sie aber zwischen der 3 und 5: so nennen wir sie die weiche Tonart; z. B.

```
      gr. 3.              gr. 3.
   ⌢⎯⎯⎯⎯⌢           ⌢⎯⎯⎯⎯⌢
   C     e     g,    A     c     e **).
         ⌣⎯⎯⎯⌣     ⌣⎯⎯⎯⌣
         kl. 3.     kl. 3.
```

§. 2. Beide Tonarten hier haben dieselbige Vorzeichnung, nämlich weder ein Kreuz noch ein b: sie sind die einfachsten, worauf Klarheitswegen alle Beispiele sich beziehen sollen ***).

§. 3.

---

*) S. der Tonwissenschaft §. 17.
**) S. der Tonsezkunst §. 31.
***) S. der Tonkunst §. 6.

§. 3. Die drei fürnehmſten Töne *) in der harten Tonart haben die groſe; in der weichen die kleine Dritte. Dieſe bisher ſind ſechs Töne, und entweder in harter oder weicher Tonart

der I, IV, V,   III, VI, VII Ton mit gr. 3.
der II, III, VI,   I, IV, V Ton mit kl. 3.

§. 4. Da in dieſelbigen Töne man im harten C oder weichen A ausweichen darf **), d. i. ein jeder von obigen ſechs den erſten Ton vorſtellen kann: ſo läßt ſich vom bloſen Tone nicht entſcheiden, ob

Tab. 2, fig. 1.		fig. 2.
im harten C		im weichen A
C	der erſte	dritte
D	der zweite	vierte
E	der dritte	fünfte
F	der vierte oder	ſechſte
G	der fünfte	ſiebente
A	der ſechſte	erſte

Ton ſei;

ob im harten C
oder im weichen A

―――――――――――――――

*) S. der Tonkunſt §. 4.
**) S. der Tonſezkunſt §. 64.

C	vom A	den dritten Ton vorstelle.
C	G	vierten
C	F	fünften
C	E	sechsten
C	D	siebenten
D	C	zweiten
D	A	vierten
D	F	sechsten
E	C	dritten
E	A	fünften
E	G	sechsten
F	D	dritten
F	C	vierten
F	A	sechsten
G	E	dritten
G	C	fünften
G	A	siebenten
A	G	zweiten
A	F	dritten
A	E	vierten
A	D	fünften
A	C	sechsten

§. 5. Daß nun ein jeder Ton in das Gebiet anderer, und in mehrere Bedeutungen gezogen werden kann, heißt **Mehrdeutigkeit**. Wie nothwendig sie sei, wird jeder Wißbegieriger eingestehen,

gestehen, wenn er von folgenden Ausweichungen, die sich hierauf gründen, alle Augenblick getäuscht wird, ohne die Ursach zu wissen; wie nützlich, wenn er das Herz des Zuhörers, durch diese Kenntnisse selbst in die Hände bekömmt, um es durch willkührliche Ueberraschungen und Täuschungen nach Gefallen ummodeln zu können.

§. 6. Der siebente Ton in harter und zweiter in weicher Leiter mit kleiner Fünfte, enthält die Verhältniß zweier kleinen Dritten *), ist deßwegen unfähig, nicht nur Hauptton eines ganzen Stücks zu werden, sondern auch den ersten Ton, den Führer einer Ausweichung, auf eine kleine Weile vorzustellen.

§. 7. Ein jeder von diesen 7 Tönen der Leiter enthält nach Angabe der Leiter eine Siebente: der I und IV in harter } Leiter die grose Siebente **).
der III und VI in weicher }

Es bleibt also im Zusammenhange bis zur Entscheidung unbestimmt, ob z. B.

---

*) S. Tonwissenschaft 29. §.
**) S. Tonwissenschaft 34. §.

h
g
e
C   der erste
   oder vom G der vierte
  oder vom weichen A der dritte
  oder vom weichen E der sechste Ton sei. Tab. 2. fig. 3.

§. 8. Der II, III, VI in harter ⎫
     IV, V, I in weicher ⎬ Leiter
haben die kleine Siebente *).

Es bleibt also im Zusammenhange bis zur Entscheidung unbestimmt, ob z. B.

g
e
c
A der erste
  oder zweite vom harten G
  oder dritte vom harten F
  oder vierte vom weichen E
  oder fünfte, nicht
  aber schlußfallmäßige vom weichen D
  oder sechste vom harten C sei. Tab. 2. fig. 5.

§. 9. Der VII in harter
    und II in weicher Leiter

              mit

---

*) S. Tonwissenschaft 31, 32, 33. §.

mit kleiner Siebente *)
aber auch kleiner Fünfte

sind nicht nur zwei- sondern dadurch noch mehrdeutig, daß der vierte erhöhte Ton sich ausser der
Entscheidung des ganzen Tonwechsels hievon nicht
hinlänglich sondert. Tab. 2, fig. 6.

§. 10. Der fünfte schlußfallmäßige Ton **)
mit der vorzüglichsten kleinen und Unterhaltungssiebente, der, z. B. vom C zu sprechen, beiden, der
harten und weichen Tonart ***) zukömmt, könnte
zwar und in seltenen Fällen mit dem G ohne Kreuz als
siebenten unschlußfallmäßigen Tone des weichen A
zweideutig ****) werden; Tab. 2. fig. 4. er ist aber
dadurch mehrdeutig und täuschungsvoll, daß

f		Eis
d		d
h		h
G	und	g
der fünfte von bei-		der erhöhte vierte *****)
den Tonarten C		vom weichen H

vor

---

*) S. Tonwissenschaft 30. §.
**) S. Tonsezkunst 28. §.
***) S. Tonsezkunst 31. §.
****) S. Tonsezkunst 54 §. 18)
*****) S. Tonwissenschaft 41. §, 54. §. 5) Tonsezk. 32. §.

vor der Entscheidung der Folge vom Ohre nicht wohl können unterschieden werden.

§. 11. Wenn man die Harmonie eines vierten erhöhten Tons in weicher Leiter, wie die vorherige Eis g h d, (um die einfachste vorzunehmen) z. B. Dis f a c zergliedert; so findet man von der Dritte angerechnet z. B. hier vom F wieder eine 3, 5, 7. Und hiedurch äussert sich die Zweideutigkeit, da Dis mit f a c als der vierte erhöhte vom weichen A, und F a c es als der fünfte schlußfallmäßige von beiden Tonarten B Hauptklang sein kann.

Wie leicht kommen wir durch die

der Töne				Zweideutigkeit mit			vom weichen	ins weiche und harte
Dis	f	a	c	es	F	a c	A	B?
Gis	b	d	f	as	B	d f	D	Es.
Cis	es	g	b	des	E	s g b	G	As.
Fis	as	c	es	ges	A	s c es	C	Des.
H	des	f	as	h	Cis	eis gis	F	Fis.
E	ges	b	des	e	Fis	ais cis	B	H.
A	ces	es	ges	a	H	dis fis	Es	E.
D	fes	as	ces	d	E	gis h	As	A.
Fisfis	a	cis	e	g	A	cis e	Cis	D.
His	d	fis	a	c	D	fis a	Fis	G.
Eis	g	h	d	f	G	h d	H	C.
Ais	c	e	g	b	C	e g	E	F.

Siehe

Siehe die gestochenen Beispiele Tab. 3. f. 1.

§. 12. Der obige siebente Ton G mit seiner kleinen Siebente in der weichen Tonart A, war sehr unentscheidend und mit dem fünften schlußfallmäsigen vom C zweideutig; wenn aber dieser Siebente, der sonst die grose Dritte zum schlußfallmäsigen Fünften vorstellt, aus dieser Ursach erhöht und entscheidend wird: so entspringt eine Reihe von kleinen Dritten, um gleichmäsig von der Dritte, von der Fünfte, und von der Siebente anfangen und zählen zu können.

Diese Art einer vierfachen Mehrdeutigkeit ist wenigstens den Hauptklängen nach die gemeinste und leichteste: nur durch wissenschaftliche Untersuchung lassen sich noch unbekanntere Umwendungen und schleichende Lagen entfalten, die vom ausgebreitetsten Nutzen sind. So können wir urplötzlich durch diese Mehrdeutigkeit

der Töne
{
gis h d Eis vom weichen Fis,
Gis h d f im weichen A,
as H d f im weichen C,
as ces D f im weichen Es;
}

der Töne
{
dis fis a His vom weichen Cis,
Dis fis a c im weichen E,
es Fis a c im weichen G,
es ges A c im weichen B,
}

der Töne
{
cis e g Ais vom weichen H,
Cis e g b im weichen D,
des E g b im weichen F,
des fes G b im weichen As;
}
drei Stufen der Vorzeichnung überspringen, schließen, und eben auf diese Art wieder zurück gehen. Tab. 3. f. 3.

§. 13. Wenn man beim zweiten schlußfallmäßigen Tone der weichen Leiter von der Fünfte wieder anfängt zu zählen: so entspringt eine andere mit voriger zweibeutige Harmonie, und der zweite z. B. vom weichen A, kann auch der zweite vom weichen Es werden. So kömmt man augenblicklich vermittels dieser

der Töne			mit			vom weichen	ins weiche
H	dis	f	a	ces	es F a	A	Es,
Fis	ais	c	e	ges	b C e	E	B,
Cis	eis	g	h	des	f G h	H	F,
Gis	his	d	fis	as	c D fis	Fis	C,
Dis	fisfis	a	cis	es	g A cis	Cis	G,
Ais	ciscis	e gis	b	d E gis		Gis	D,

und wieder zurück Tab. 3. f. 3.

§. 14. Vom 1. bis zum 10. § wo die entscheidende schlußfallmäßige Unterhaltungssiebente des fünften Tons erschien, bestund die Mehrdeutigkeit

tigkeit in lauter, unentscheidenden Tönen der Leitern, deren gelinde Folge von neuer Würfung wenigstens in meinen und meiner Schülern Aufsähen schon gewesen sind.

Es sollte mir sehr leid sein, wenn meine Leser nicht alle den ersten Zirkel im Schulbuche Tab. XXVI. gehörig benuzt hätten: ich wiederhole ihn hier.

e D d d d d C c c c c c B b b
c c H B b b b A As as as as as G Ges
a a a a G g g g g g F f f f f f.
F f f f f E Es es es es es D Des des des des

ais ais ais ais Gis gis gis gis gis gis Fis fis fis fis fis fis
Fis fis fis fis fis Eis E e e e e Dis D d d d
eis Dis dis dis dis dis dis Cis cis cis cis cis cis H h h
cis cis His H h h h h Ais A a a a a Gis G

E e e e es es es D Des des des des des C Ces
d Cis C c c c c c B b b b b b
h h h A A As as as as as G Ges ges ges ges
g g g g g F f f f f f Es es es

h h h h Ais A a a a a Gis G g g
Gis gis gis gis gis gis Fis fis fis fis fis fis E e e
fis Eis E e e e e Dis D d d d d Cis C
dis dis dis Cis cis cis cis cis cis H h h h h

B

g Fis F f f f f E Es es es e e

e e e D d d d d d C c c c c

c c c c H B b b b b A A a a

A a a a a a G g g g g g Fis F

Tab. 2. fig. 7. ist das bisherige in Noten, aber in einer anderen Lage gesezt, und in der Mitte ein Ruhpunkt angebracht. Auf der Orgel thun dergleichen bindungsvolle und anhaltende Zusammenstimmungen die beste Wirkung, und es ist kein Tonstück, worin sich nicht etliche davon mit neuem, edeln, erhabenen und ausgezeichneten Eindruck aufs Herz anwenden liesen.

§. 15. Hierin erscheinen die zwölf Töne unser vermischten Leiter in dreierlei Gestalten, 1) mit groser Dritte, groser Fünfte und groser Siebente, 2) mit kleiner Dritte, groser Fünfte, kleiner Siebente, 3) mit kleiner Dritte, kleiner Fünfte, kleiner Siebente. Das wären nur 36 Harmonien, die Lage aber, die verschiedene Vorzeichnung, die Folge u. d. m. erfoderten mehr als noch einmal soviel Zusammenstimmungen zu diesem Tonkreis.

§. 16. Diese Folge von Harmonien hat nun das ganze Tonreich durchgewühlt, ich mußte es zirkelförmig geben, damit der Leser anfangen und aufhören könne, wo es ihm gefällig ist; diese Form mag alt oder neu sein, Zauberkreisen oder pedan-

tischer

tischen Vorspieglungen, nach dem Ausdrucke des Berliner Herrn Rezensenten, gleichen: so wird sie doch in dergleichen Vorfällen der Allgemeinheit, d. i. in einer für alle Töne und Umstände nothwendig brauchbaren Tabelle unvermeidlich.

§. 17. Vom 10. bis 14. §. bestund die Mehrdeutigkeit in lauter entscheidenden schlußfallmäsigen Tönen der weichen Leiter. Auch die Entscheidung kann mehrdeutig klingen, und nach eingetretenen Haupt- oder fünftem Tone, wie eben die Schlußfälle beschaffen sind *), erfährt erst das Gehör, daß z. B. der vorhergegangene Ton, fis nicht ges, ces nicht h gewesen sei. Von unserm Mannheimer Orchester habe ich zwar in meiner Kirchenmusik cisis und das darauf folgende d deutlich sondern gehört.

§. 18. Wer das weitwendigste Feld der unendlichen Täuschungen, die durch die Mehrdeutigkeit der bisher entscheidenden, des zweiten, vierten und siebenten schlußfallmäsigen Tones der weichen Leiter entstehen, übersehen, und thätig urbar machen will, darf sich mit dem grosen Zirkel im Schulbuche Tab. XXVII divertiren. Hier findet ein

---

*) Man lese im Schulbuch in der Tonsezkunst die ganze Lehr von Schlußfällen nach.

ein Harmonist reichhaltigen Stoff für jahrlange Unterhaltungen. Da die vierfache Mehrdeutigkeit des siebenten erhöhten Tones meistentheils das Ruder führt: so sind diese 3 Harmonien Gis h d f, Cis e g b, Dis fis a c, mit ihren drei andern Anspielungen in der Mitte angebracht, und nimmt jede vier Länder oder ihr ein, wo in einem jeden sie mit dem II, IV, V Ton sich finden läßt. Die freien Länder, worunter keine von diesen Harmonien steht, dienen nur zu Mittelwegen, von einer solchen Harmonie in die andere überzugehen.

§. 19. Man schreitet folgendermaßen zum Werke. Man wählt sich eine Harmonie im Kreise, wo man will; jede gefundene leitet den Harmonisten, wie er selbst will, entweder eine Linie oben oder unten, auf rechter oder linker Hand, und so fährt man so lang fort, bis man selbst einen Schlußfall wünscht: dieser geschieht nach Angabe des schlußfallmäßigen entscheidenden Tones. Ist dieser der vierte oder zweite: so folgt der fünfte; ist er aber der fünfte selbst oder siebente: so folgt der erste.

Diese vier Länder oder der Harmonie Gis h d f und ihrer drei noch mit mehrdeutigen Harmonien;
oder der Harmonie Cis e g b
und

und ihrer drei noch mit mehrdeutigen Harmonien;
ober der Harmonie Dis fis a c
und ihrer drei noch mit mehrdeutigen Harmonien
haben mit römischen Zahlen den Hauptklang über
der Linie bezeichnet, bei den Zwischenländern steht
er unter der Linie, dann ist in jeglichem dieser Län-
dern ein fünfter, siebenter, vierter, zweiter Ton
enthalten, man mag mit dem Finger in die Höhe
oder in die Quere fahren.

Hier ist die ausführliche Beschreibung.

Wenn man das Buch grad vor sich nimmt: so
ist Tab. XXVII. grad in der Mitte ein Taktstrich
von vier Zeilen, unten ein Sternchen * und da steht
Gis h d f der siebente schlußfallmäßige Ton vom
weichen A: wird der Hauptklang erniedriget: so
haben wir G h d f den fünften von beiden Tonarten C; wird vom Gis h d f das h erniedriget,
d. i. die kleine Dritte zu verminderten: so haben
wir Gis b d f den vierten erhöhten vom weichen D;
wird die Siebente f erniedriget: so haben wir gis
b d E den zweiten schlußfallmäßigen vom weichen D.

Eigentlich ist dies der wahre Ursprung und
die richtige Herleitung
    G   h d f der fünfte 2)
    Gis h d f der siebente 6)

Gis

Gis b d f der vierte 10)

gis b d E der zweite 14) stehen

Gis h d f und as H sind zweideutig, und so entstehen wieder vier andere

as B d f der fünfte 5)
as H .d f der siebente 1)
as H des f der vierte 4)
G h des f der zweite 8)

as h d f und as ces D f sind zweideutig, und so entstehen wieder vier andere

as ces Des f der fünfte 12)
as ces D f der siebente 16)
as ces D fes der vierte 13)
as B d fes der zweite 9)

as ces D f und gis h d Eis sind zweideutig, und so entstehen wieder vier andere

gis h d E der fünfte 15)
gis h d Eis der siebente 11)
g h d Eis der vierte 7)
g h Cis eis der zweite. 3)

Der allgemeine hier herrschende Schlüssel ist Violinschlüssel.

Die Fächer in die Breite oder Quere vier, in die Länge oder Höhe vier machen sechszehn aus und hier ist ihre Figur, Lage und Bedeutung. Die vor-

vorgesetzte Zahle wird beweisen, daß keine Harmonie fehle, noch eine wiederholet worden.

1) VII as H d f	2) V G h d f	3) II g h Cis eis	4) IV as H des f
5) V as B d f	6) VII Gis h d f	7) IV g h d Eis	8) II G h des f
9) as II B d fes	10) IV Gis b d f	11) VII gis h d Eis	12) V gis h Cis eis as ces Des f
13) IV as ces D fes	14) II gis b d E	15) V gis h d E	16) VII as ces D f

Wenn jemand rechter Hand unter die vier Felder vornimmt, denen Cis e g b vorstehet, und linker Hand unter die vier Felder, denen Dis fis a c vorstehts; so findet er folgende Harmonien:

C	e	g	b	2)	D	fis	a c 15) den fünften Ton
Cis	e	g	b	6)	Dis	fis	a c 11) den siebenten Ton
Cis	es	g	b	10)	Dis	f	a c 7) den vierten Ton
cis	es	g	A	14)	dis	F	a H 3) den zweiten Ton
des	Es	g	b	5)	es	F	a c 2) den fünften Ton
des	E	g	b	1)	es	Fis	a c 6) den siebenten Ton
des	E	ges	b	4)	es	Fis	as c 10) den vierten Ton
C	e	ges	b	8)	D	fis	as c 14) den zweiten Ton
cis	e	Fis	ais	12)	er	ges	As c 5) den fünften Ton
cis	e	Fisfis	sis	16)	es	ges	A c 1) den siebenten Ton
cis	e	Fisfis	a	13)	es	ges	A ces 4) den vierten Ton
cis	Dis	fisfis	a	9)	es	F	a ces 8) den zweiten Ton
cis	e	g	A	15)	dis	fis	a H 12) den fünften Ton
cis	e	g	Ais	11)	dis	fis	a His 16) den siebenten Ton
c	e	g	Ais	7)	d	fis	a His 13) den vierten Ton
•	e	Fis	ais	3)	d	fis	Gis his 9) den zweiten Ton

VII	V	II	IV
1) ges A c es	2) F a ces	3) f a H dis	4) ges A ces es
V	VII	IV	II
5) ges A s c es	6) Fis a ces	7) f a c Dis	8) F a ces es
II	IV	VII	V
9) fis Gis his d	10) Eis as ces	11) fis a c Dis	12) fis a H dis
IV	II	V	VII
13) fis a His d	14) fis a s c D	15) fis a c D	16) fis a His dis

VII	V	II	IV
1) g b des E	2) g b C e	3) Fis ais c e	4) ges b des E
V	VII	IV	II
5) g b des Es	6) g b cis E	7) g Ais c e	8) ges b C e
II	IV	VII	V
9) fisfis a cis Dis	10) g b Cis es	11) g Ais cis e	12) Fis ais cis e
IV	II	V	VII
13) Fisfis a cis e	14) g A cis es	15) g A cis e	16) Eis fis ais cis e

§. 20. Der dritte in der weichen Leiter, der ohnehin die grose Dritte hat, wenn noch der fünfte schlußfallmäsige ihm seine grose Dritte zurückläßt, beömmt die übermäsige Fünfte. Dies sind nun zwei Verhältnisse von groser Dritte, zwischen dem Hauptklang und der Dritte, zwischen der Dritte und Fünfte z. B.

  gr. 3. gr. 3.
 C e gis.

Da, kleiner Brüch'ger zu geschweigen, der Umfang der Achte drei grose Dritten enthält, z. B.

 gr. 3. gr. 3. gr. 3.
 C e gis his
      oder
      as c
      gr. 3.

so kann diese Harmonie bei allen 3 Tönen mit Beibehaltung derselbigen Gestalt wieder anfangen und folglich mehrdeutig sein.

§. 21. Das blose Gehör unterscheidet also nicht, ob es die Harmonie z. B.

 gis gis As
 e. E   e

C oder his oder c sei, und hierauf gründet sich jene unter allen verworrenen Tonfolgen die verworrenste nicht verwirrte (denn hier entfaltet man sie

21

ſie) Tab. 2. fig. 8. wo in jedem Takt das zweite Viertel ein tiefes unentwickeltes Geheimniß enthält, das von folgender Liſte für alle 36 Täkt erkläret wird.

gis	gis	As	gis	Gis	gis	As	gis	gis
e	E	e	E	disdis	re	e	e	E
C	his	c	his	his	C	c	C	his
a	a	A	a	A	a	A	gisgis	a
f	F	eis	F	eis	f	eis	eis	F
Des	cis	cis	cis	cis	Des	cis	Cis	cis
ais	b	B	b	B	ais	B	ais	b
fis	Ges	fis	Ges	fis	fis	fis	fis	Ges
D	d	d	d	d	D	d	D	d
h	h	H	h	H	h	H	h	h
g	G	fisfis	G	fisfis	g	fisfis	g	G
Es	dis	dis	dis	dis	Es	dis	Es	dis

§. 22. Das ganze Geſchäft der Mehrdeutigkeit der Töne ſchränkt ſich auf unentſcheidende und entſcheidende ſchlußfallmäſige Harmonien ein.

Unter die unentſcheidenden rechne ich alle Töne harter und weicher Leiter. Hievon iſt der fünfte, oder auch ſiebente, und wegen lezteren der mit dem ſiebenten zweideutige erhöhte vierte Ton ausgenommen. Unter die entſcheidenden die ſchlußfallmäſigen im Buche. Es gibt aber noch eine dritte Gattung.

B 3   §. 23.

§. 23. Eine einsweilige Ruh sagt noch keine ganze Befriedigung.

Da es jezo die Wettung gilt, um nichts mehr zu verschweigen, was nur immer einschlagend scheinen möchte: so folgt auch eine summarische Reihe von allen Schlußfällen.

§. 24. Man muß hier wiederholen, was im musikalischen Schulbuche von Schlußfällen steht. Nur in der Kürze aber läßt sich eine allgemeine übersehende Idee davon leicht einschränken.

Zwischen dem C und C, womit ich anfangen und schliesen will, muß ein Mittelsaz zu: stehen kommen, um etwas sagen zu können: so lang wir nur C hören, ist noch nichts bestimmt. Dieser Zwischenton muß freilich der verwandetste Ton wie F oder G sein.

Hievon stammen folgende Schlußfälle ab. Tab. 16. in harter Leiter C G C f. 1. | C F C f. 2. | u. G C G f. 3.

gr. 3. gr. 3. gr. 3.
in weicher Leiter A E A f. 4. | | E A E f. 5.

Vom vierten in den ersten kann die weiche Leiter nicht fallen; denn es sind beide weiche Tonarten,

a e
gäb man fis c: so wär der Mißstand zwischen dem
D A
grosen fis, und folgenden kleinen e unausstehlich;

sollte

sollte auch A die grose Dritte haben: so bezög sich
dieser Fall auf die harte Tonart; sollte D die weiche und A die harte bekommen: so würde diese Auf-
weichung im weichen D sagen, was obige im weichen A bestimmt.

§. 25. Man kann im weichen A sein, ohne
daß das weiche A, der Hauptton vorgekommen sei.
Um eine Gleichniß zu setzen, die nichts behauptet,
nur zur Erklärung dienet, frage ich, ob man
nicht in einem Lande und Gebiete sein könne, ohne
die Hauptstadt noch gesehen zu haben? Und nur
in weicher Tonleiter ist dieser Schlußfall so bestimmt,
in harter aber, wie oben C F C, G C G zweideutig; denn in harter Leiter muß es der erste Ton,
womit das ganze Stück angefangen hat, entscheiden, ob

C der erste, F der vierte, G der fünfte, C der erste,
oder C der fünfte, F der erste, G der erste, C der vierte
Ton sei.

§. 26. Durch den Zusatz eines noch angeneh-
men harmonischen Antheils, das nach dem $\frac{1}{5}$ bei
der Theilung der Saite entspringt, nämlich des $\frac{1}{7}$
wird die Harmonie des fünften Tones vollständi-
ger und entscheidender.

   f 7
   d 5
   h 3
Z. B. G f. 6. 7.

§. 27. Wenn man von voriger wesentlich vierstimmigen Harmonie den Hauptklang wegnimmt: so bleibt noch ein Dreiklang übrig, der auch einen Uebergang bewirken kann, dies ist nun der siebente Ton: hievon entspringen folgende Schlußfälle

  5 5 6
  H C oder D C
 VII. I.   f. 8.

§. 28. Wie sich H zum C; eben so verhält sich Fis zum G; in der natürlichen stufenmäsigen Reihe der harmonischen Antheile war das $\frac{1}{11}$ nah bei fis: also kann der vierte Ton erhöhet werden, und in dem fünften schliesen.

  5 5 gr. 6
  Fis G oder A G. f. 9.
  IV V

§. 29. In weicher Leiter muß zum schlußfallmäsigen fünften Tone ohnehin schon die Dritte erhöhet werden, und diese ist gis, Gis aber als Hauptklang der siebente Ton.

          Seine

Seine Siebente wird die verminderte f zum Gis und dadurch ändert er sich vom siebenten Tone der harten Leiter

    verm. 7. kl. 3.
    Gis   A. f. 10.

§. 20. Der vierte Ton Dis, der vor seiner Erhöhung schon die kleine Dritte hatte, bekömmt nun seine verminderte, und zeichnet sich hierdurch aus vom vierten Tone der harten Leiter.

    verm. 7
    verm. 3   gr. 3.   überm. 6. gr. 3.
    Dis   E f. 11 oder F   E f. 12

Auch kann er nicht mit dem siebenten Tone zweideutig werden, wie der vierte in der harten Leiter.

§. 30. Da wir nun schon das Dis erhöhet haben: so fragt es sich nicht mehr, ob das H der zweite Ton auch schlußfallmäßig werden könne, und seine kleine zurückbleibende Fünfte dienet ihm zur Karakteristik

    kl. 7   überm. 6
    kl. 5   4
    gr. 3 gr. 3   3 gr. 3.
    H   E   F   E
    f. 13   f. 14.

§. 31. Von harmonischen Uebergängen zu sprechen: so ist hiemit alles erschöpft. Es gibt aber noch verstellte und vermittelte Schlußfälle, die sich immer auf obige beziehen, und nur durch andere Folgen oder Zwischenlagen ein anderes Ansehen gewinnen.

Verstellte Schlußfälle sind diejenigen, die nach der schlußfallmäßigen Harmonie nicht den erwarteten Ton setzen, sondern einen anderen folgen lassen: so nimmt gar oft der sechste den Platz des ersten ein, z. B.   gr. 3.

    C   G   A | A   E   F
  f. 15.   statt C | statt A. f. 16.

Vermittelte, wenn zwischen den Hauptbestandtheilen eine unbedeutende Harmonie an dem nämlichen Orte eingeschaltet wird, wo der entscheidende Schlußfallmäßige hätte stehen sollen.

         5   5 | 5 gr. 3.
  Z. B. F · D   C | A   F   E
        f. 17. | f. 18.

Diese Mittelsätze, das weiche D in harter, das harte F in weicher Leiter machen den sonst einfachen Schlußfall dunkel, oder noch dunkler:

         6 | 6. gr. 3.
     C   A   G | A   F   E
       f. 19 | f. 20.

§. 32.

§. 32. Wenn aber ein wahrer Uebergang geschehen könnte: so daß weder der Hauptton vorkäm, noch ein schlußfallmäsiger Ton beiträt, folglich dieser Gang nicht einmal unter die zwei lezte subalterne Klassen, unter die erste ohnedem nicht, gehörte: was wär nun die Antwort auf diese Frag und nachstehenden Saz:

6 gr. 3
C G C F E? fig. 21.

Kann D als der unschlußfallmäsige vierte in welcher Tonart schliesen: so kann es der sechste gewiß nicht!

5 gr. 3.
C G C F E fig. 22.

Und auch dieser Saz hat richtig im C angefangen, und schliesset unwidersprechlich im weichen A, ohne, daß der Hauptton A, noch hievon ein schlußfallmäsiger vorgekommen sei!

Liebe Leser!

Der Preis von hundert Carolinen war schon auf das Buch gesezt, und durch gegenwärtigen Saz hätte er können gewonnen werden.

Zweiter Theil.
Erklärungen der Ausweichungsarten.

Vom harten und weichen C in alle andere Tonarten.

Tab. 4.

1) C als der fünfte von beiden Tonarten F, und C als der siebente vom harten Des zeichnen sich durch die kleine Dritte und kleine Fünfte des leztern aus; da es Sechsten sind: so bleibt hier dieser Uebergang doch noch gelind, und seine Wirkung ist neu. Es kann eigentlich kein Uebersprung von 5 ben heisen; weil das zweite Viertel auch der mit 4 ben bezeichneten weichen Tonart F zukömmt.

2) In dem g und fisfis besteht die Zweideutigkeit; das Gehör glaubt den fünften von beiden Tonarten D, das A mit der Unterhaltungssiebente g zu hören, und der Erfolg beweist, daß der vierte erhöhte Ton vom weichen Cis das Fisfis mit seiner verminderten Dritte a einen Schlußfall in den fünften Ton Gis erzielet habe.

3) Erst

3) Erſt ins weiche, dann ins harte D, geht der natürliche Weg vom harten C; die Hauptklänge ſind folgende

    7b 7
   gr. 3 gr. 3.
  C Cis A D

4) Die unentſcheidende Siebente des weichen D mit ſeiner kleinen Dritte und groſen Fünfte, das im harten C F B, im weichen A D G
  der II VI III   IV I V
aber im weichen G nur der anſchlußfallmäſige fünfte Ton ſein kann; dieſe Siebente, ſo unbedeutend ſie ſcheint, flöſt dem Zuhörer Erwartung ein, und dieſer wird von der unvermutheten aber flieſenden Folge des vierten erhöhten Tones in der weichen Tonart D deſto mehr getäuſcht.

     7
   7 3b gr. 3.
Hauptkl. C D Gis A

5) Die Unterhaltungsſiebente bleibt hier zwar liegen, doch löſt ſie ſich zuletzt noch auf, nach jener beim H angebrachten Erlaubniſſe 29. §. der Tonwiſſenſchaft; da das H mit der kleinen Siebente wohl folgen dürfte: ſo wird auch das Gehör vom ſchlußfallmäſigen B um ſo weniger beleidigt.

          6) Will-

6) Willkührlich aber desto neuer und origineller ist hier der Zwischensaz vom D, das man entweder für den siebenten vom harten Es, oder zweiten vom weichen C halten kann, als wenn die Tonfolge vom C als fünften schlußfallmäsigen zum weichen F, ins weiche C fortschritt; da nun h und ces zweideutig sind: so glaubt man
H d f as den siebenten vom weichen C statt
ces D f as dem siebenten vom weichen Es zu hören.

7) Die Unterhaltungssiebente d vom fünften Tone E in der weichen Leiter A benuzet hier, dem Gesange zum Vortheile, ihre Freiheit (der Tonwissenschaft 24. §.) sich in die Höhe auflösen zu dörfen.

8) Das weiche E ist vom harten C nicht weit entfernt, desto seltner und dabei gesängiger ist hier der Uebergang von der im Grunde liegenden verminderten Siebente C zum Hauptklange Dis.

9) Eine vierstimmige widrige Bewegung erhöht hier den Werth einer in den äussern Stimmen auch ohne vorbedachter Ausweichung alltäglich üblichen Ganges.

10) Nur in der weichen Tonart darf nach dem schlußfallmäsigen fünften der vierte folgen; weil diese Töne verschiedene Dritten haben, welche

Gleich-

Gleichheit in der harten Tonleiter Eckel verursacht. Die Hauptklänge hievon sind
                                  9 7b
                                3b 5b 3b
                                C B E F.

11) Nach dem ersten Ton C ist nichts einfacheres als die Folge des fünften;

    G h d f aber und
    g h d Eis der vierte erhöhte vom weichen H sind zweideutig, und mit diesem Betrug werden wir unbemerkt in eine andere entfernte Tonart fortgetragen.

                  7
         7 gr. 5 gr. 5.
  verm. 3 gr. 3 gr. 3.
Hauptkl. C Eis Cis Fis

12) Von voriger Ausweichung sondert sich diese durch den der weichen Tonart eigenen Schlußfall des siebenten mit verminderter Siebente.

13) Hier, wo wenig Entscheidung nöthig ist, kömmt der gelassene siebente Ton der harten Leiter Fis a c e wohl zu statten;

14) Der zweite in weicher Leiter G, das A mit seiner kleinen Fünfte es kündiget uns seinen Hauptton vorläufig an.

15) Die weibliche Tonart C ist die sanfte Mittlerin zwischen den beiden männlichen Tonarten C und As.

16) Wenn

16) Wenn sich drei Töne von der Zusammenstimmung auf einmal ändern: so muß die Folge durch ihre Verwandtschaft des Eintritts sehr berechtiget sein; denn hier glaubt das Gehör

Cis e g b den siebenten vom weichen D zu hören, und der Ausgang beweißt, daß es

des fes G b der siebente vom weichen As gewesen sei.

17) Das e ist zum C . 3
          zum A   5
          zum E   8

und hält sehr gemächlich im Grunde an, wenn die Unterhaltungssiebente sich aufwärts auflöset.

18) Nur in gegenwärtiger Lage können diese zwei Harmonien des vierten und fünften Tones der weichen Leiter beide mit großer Dritte einander folgen: der oberen anwesenden Tönen nach, ist es auch noch nicht entschieden, ob beim vorletzten Viertel E oder Gis der Hauptklang ist. Man hüte sich aber in einem wohlgeordneten Stück den vierten mit der großen Dritte anzubringen.

19) Wenn jede Stimme an und vor sich schon dringend zum Zwecke wirket; so ergießt sich durch die ganze Harmonie ein gewisses unbestimmbares Gefühl von Wohlthun, un certo non so che.

20) Ein

20) Ein Kunstgeweb, worin sich das Spiel mit der weichen Tonart F und der durchgehenden
          7b   7b
siebenten Tönen E, beim zweiten A, beim sechsten Achtel ungemein vortheilhaft auszeichnet. Die Neunte, die in beiden gegenwärtigen Ausweichungen dem fünften Tone F zukömmt, trägt zur angenehmen Auf- und Unterhaltung nicht wenig bei.

21) Eine vierstimmige Harmonie, die durch betrügerische Wege sich durchschleicht, und ohne Anstoß das Gehör vom C ins H versetzt, deren Entfernung hier kaum wahrgenommen wird.

22) Die Elfte e, zum Hauptklange G dem fünften schlußfallmäßigen Tone beim zweiten Viertel trägt ihr wesentliches bei, um eine fremde Ausweichung durch seltene Aufhaltungen desto leichter zu bemänteln.

23) Eine bündige Folge von lauter Schlußfällen
3b 7b 7b
C Es As Des!

24) Der siebente Ton vom weichen As geht dem siebenten Tone vom weichen Des vor. Das weiche Des findet in der gewöhnlichen Vorzeichnung fast nie statt; weil man sich statt dessen des weichen Cis nur mit 4 Kreuzen bedienet: hier aber,

C

da wir schon 3, been beim weichen C gehabt haben, ist der Uebergang mit been natürlicher.

Zum His ist a

C bb die verminderte Siebente.

25) Der vierte erhöhte Ton vom weichen G und der schlußfallmäßige fünfte vom weichen (auch harten) D sind nicht zu weit entfernt, als daß sie einander nicht folgen könnten.

Nun ist Cis es g b der IV erhöhte v. w. G mit des Es g b dem V von beiden Ton. As zweideutig, und mit lezterem das weiche C, das zum fünften vom D gelangen will, sehr nahe verwandt. Der Sinn also gegenwärtiger Ausweichung ist C als der erste. Entweder der fünfte vom As oder der vierte erhöhete vom weichen G, der fünfte von beiden Tonarten D.

26) Zwischen einem Tone mit drei, und den andern mit einem b, ist jener] mit 2 been das Mittel. Sehr erwartet war hier die große Dritte zum Hauptklange A beim dritten Viertel, wegen den vielen schwachen Tonarten.

27) Die bündigsten, aber dabei gewöhnlichsten Schlußfälle sind jene vom fünften zum ersten, besonders, wenn der neue erste schon wieder zum folgenden den fünften abgibt. Diese Ausweichung benuzet eine alltägliche Tonfolge, und
                                          zeichnet

zeichnet sich durch ihren herrlichen, allmähligen Zutritt mehrerer Stimmen, und die successive Verstärkung der Harmonie vorzüglich aus.

28) Auf eine seltene Art (vielleicht nur aus Anlaß einer günstigen Lage) kündiget nach dem weichen C, schon der zweite Ton seinen Haupton das weiche Es an.

29) Vielleicht nur gegenwärtige Lage darf eine so widrig scheinende Combination von Tonfolgen in einander schmelzen. Da gis mit as zweideutig ist, und bei der Harmonie vom weichen Gis anhalten kann: so wird der Zuhörer ohne Wissen und Willen mit fortgeschleppt.

30) Fis a c es der VII vom weichen G
    fis a c Dis der VII vom weichen E
sind, wie bekannt, zweideutig und zu gegenwärtiger Ausweichung der Grundstoff.

31) Da das weiche C 3, das harte F 1 b hat: so schickt sich wol der Ton mit 2 been in die Mitte.

32) Statt den ersten Ton C mit seiner kleinen Dritten, durch den Zutritt der grosen Dritte und Unterhaltungssiebente zum fünften schlußfallmäsigen Tone vom F zu machen: so ist hier der sechste vom weichen F das Des (auch ein fremdes b) und der karakteristische erhöhte vierte mit guter Wirkung angebracht.

3b 7 7b 5b

33) Hauptkl. C Des Des Ges. Des benust die Achte c, als grose Siebente, um sie in die kleine hinunter zu ziehen.

34) Fis a c es der VII vom weichen G
    fis a His dis der VII vom weichen Cis
    sind zweideutig.

Die zwei Haupttöne, das weiche C und weiche G: die zwei schlußfallmäßigen, der erhöhte siebente vom weichen Cis, und der vierte erhöhte vom weichen Fis sind verwandt, und hierauf gründet sich der Harmoniengang vorliegender Ausweichung.

35) Die harte Tonart C beim zweiten Viertel kündiget schon das folgende harte G an, das keinen der entscheidensten Schlußfälle, sondern nur den siebenten Ton nöthig hat.

36) Die dusseren Stimmen fliesen sehr sanft fort; die Harmonie ist natürlich.

37) Fast wie 18)

38) C und fes sind zweideutig, und da man vermittels des E einen Schlußfall ins F vermuthet: so erklärt das dritte Viertel, daß das vorhergehende G der siebente vom weichen As gewesen, und dessen vierter erhöhter Ton jezo in den fünften falle und schliese.

39) Frei-

39) Freilich gehört hieher eine besondere Wendung, um nach dem vierten erhöhten Tone vom weichen C auch die Folge eines siebenten Tones vom harten A¹ geläufig zu machen.

40) Bei den drei ersten Vierteln schlummert man süß fort, und wird plötzlich vom vierten geweckt; weil die Tonart B nach seinem scheinbaren fünften Tone

F a c es, womit

f a c Dis der vierte erhöhte vom weichen A zweideutig ist, erwartet wurde. Die vierstimmig schleichende Harmonie verdient bemerkt zu werden.

41) Die Umwendung, wo die Fünfte zum Grunde liegt, die sanfte Tonfolge zweier weicher Tonarten; der bedeutendste Zwischenklang a im Diskant beim zweiten Achtel; und sein Nachfolger e im Alt beim vierten Achtel; die gesängige Sechstenverhältniß zwischen dem Alt und Tenor bei den zwei lezten Vierteln zeichnen diesen Uebergang aus.

42) Der erhöhte siebente hat die kleine, der erhöhte vierte die verminderte Dritte: dies sehen wir hier an E.

C 3   43) Eine

43) Eine kleine poetische Freiheit: doch gibt uns die Tonwissenschaft dazu Anlaß; weil der vierte erhöhte Ton vom weichen G,

Cis es g b mit

des Es g b zweideutig ist. Cis als der IV vom G kann nach dem C wohl folgen, dieses enthält aber schon cis: folglich ist der Zuwachs von Kreuzen nicht mehr so auffallend. Nebst dem fehlt es nur im zweiten Viertel, daß e statt es vorkäm: so hätten wir schon den siebenten Ton vom weichen H.

44) G h d f der fünfte vom C und

g h d Eis der vierte erhöhte vom weichen H sind zweideutig, willkührlich, und um diese Tonart noch mehr zu bestättigen, folgt jezo auch der zweite mit der grosen Dritte und kleinen Fünfte, dann kleinen Siebente Cis eis g h.

Wir sehen, daß es hier möglich war, nur durch einen, sogleich eintretenden schlußfallmäsigen vom folgenden Hauptione, ohne Vorbereitung einer eigentlichen Zwischenharmonie, einen weit entfernten Uebergang zu bestreiten.

Ob es bei allen 44 Ausweichungen ohne Ausnahme angehe: ist eine Frage, da wir aber wissen, daß

1) ein

1) ein siebenter Ton in der weichen Leiter mit B anderen mehrdeutig ist, und hiedurch der Schluß-fall in 4 Töne erleichtert wird.
2) die Erniedrigung des Hauptklanges in eine harte Tonart leitet z. B.

w. Tonart, dessen VII, durch Erniebr. V vom harten
D   Cis e g b   C e g b   F
F   des E g b   des Es g b   As
As   des fes G b   cis e Fis ais   H
H   cis e g Ais   cis e g A   D

3) Durch die Harmonie des vierten erhöhten von einer weichen Tonart in eine entfernte harte oder auch weiche ein augenblicklicher Uebergang statt findet, als

Dis f a c der vierte vom weichen A
es F a c der fünfte von beiden B

4) ein schlußfallmäßiger zweiter Ton in der weichen Leiter, dieselbige Stelle in einer anderen weit ent-fernten vertretten kann z. B.

H dis f a im weichen A
ces es f a im weichen Es, wie man es von der Tab. XXVII im Schulbuche spielen lernen kann: so wage ich einen Versuch, die Frage:
ob man von einem in alle Töne ohne Zwi-schenharmonie gelangen könne,
mit einem Ja zu beantworten.

Eine

Eine Zwischenharmonie ist hier eine Harmonie, die weder zum ersten Ton, wovon man abweicht, noch zum lezten, wohin man gelangen will, gehört, sondern nur eingeschaltet wird, um das Gehör vorzubereiten.

Diejenige Harmonie des schlußfallmäßigen Tones, die nothwendiger Weise vor dem neuen Tone, wohin sie schließet, hergehen muß, kann in diesem Verstande nicht Zwischenharmonie heisen.

Es kann kein Sinn einer Rede ohne 3 Säzen bestehen, und bei einem Schlußfalle, der von einem Tone abgeht, und in einem anderen Besiz nimmt — kurz — bei einer Ausweichung muß der vorige Ton den dritten Saz vorstellen. Wenn der neue dem vorigen Ton unmittelbar folgen könnte: so müßte einer dem andern als Haupttone untergeordnet sein. Eine Ausweichung aber bestehet aus 2 vermittelten Haupttönen.

Die obige Frage will also sagen, ob es möglich sei, nach einen gegebenen Ton, in alle mögliche andere 43 einen passenden Schlußfall zu finden: hier folgt die Auflösung und zum Beispiele dienen die

Aus-

Ausweichungen
Vom harten und weichen Cis und Des in alle andere Harmonien.
Tab. 5.

1) Wenn man in der Geschwindigkeit 5 Kreuze bei der Auswanderung überspringen will: so muß es mit einer ausgesuchten in allen Stimmen harmonirenden: Wendung — so schmelzend geschehen wie hier; freilich würden die trocken hingeworfenen Hauptklänge

$$\begin{array}{c} 7 \\ \text{gr. 5.} \\ 5\ \text{gr. 3. gr. 3.} \end{array}$$

Des A D das Gehör äusserst beleidigen.

2) Nachdem als es der neue Hauptton oder dessen Vorzeichnung erfodert: so nimmt unser vorliegender Ton verschiedene Gestalten an, und erscheinet bald als Cis mit 7 Kreuzen, bald als Des mit 5 been.

Die Lage muß immer ausgesucht sein, wenn schon die Zweideutigkeit den Stoff herlehnt, wie Cis e g b des siebenten Tones vom weichen D, mit des fes G b des siebenten Tones vom weichen As zweideutig ist.

3) Je gemeiner die Tonfolge, desto gefängiger ist sie hier.

E 5   4) Hier

4) Hier könnten auch die Hauptklänge, die in der Tenor- und Mittelstimme gesezt worden, im Grunde liegen.

5) Fast nur ein Lokalumstand wegen dem Cis das im Diskant anhält, mag es heisen, daß nach dem harten Cis schon der siebente vom harten, um 3 Kreuze geringerem E folgen darf.

6) Zweideutigkeit des siebenten Tons vom Cis und E.

7) Hier wird schon das erste Des (die Folge kläret es erst auf) als der sechste Ton vom weichen F betrachtet".

8) In der Harmonie H des f as, verhält sich f zum H, und as zum des als eine Fünfte, leztere ist nicht nur eine grose, sondern erschweret hiedurch noch die Lage der Töne, daß das des nicht füglich in einen andern Ton als c sinken kann, und das as die Siebente nothwendigerweise sich ins g auflösen muß. Um die fehlerhafte Fünftenfolge zu vermeiden: ist die gegenwärtige Lage die vortheilhafteste; weil des zum as

c zum g

vierten sind. Diese Lage findet man wieder selten in den Tonstücken; denn diese Harmonie erscheinet allzeit oder durchgängig mit dem Des zum Grunde, und wegen ihrer Seltenheit will jedes

jedes schlaffe gewohnheitskundige Ohr das Ge
als Hauptton wieder

9) erwarten, das mit dem fünften schlußfallmäßigen vierten erhöhten Ton vom weichen F zweideutig ist.

10) Das Cis mit seiner grosen Dritte und grosen Fünfte d. i. das harte Cis könnte schon als der fünfte schlußfallmäßige Ton vom weichen Fis betrachtet werden, der Schlußfall aber mit dem siebenten Ton ist der weichen Tonart entsprechender.

11) Wie eine sophistische Restrictio mentalis, eine Redensart, wo man das Wesentliche im Sinne behält, tritt hier der Hauptklang Fis auf, ohne zu bestimmen, ob zur vierstimmigen Ergänzung das dis oder d gehöre. D sollte eigentlich Hauptklang sein, um mit einer schlußfallmäßigen Vollständigkeit ins G überzugehen; diese Harmonie aber kann nach jener vom Cis unmöglich folgen. Das dis sollte zum Hauptklange His, siebenten Ton vom weichen Cis, gesellet werden, allein das taugt zu unserm Vorhaben nicht. Diese 3 mit His fis a zweideutigen

Töne c Fis a widersprechen dem vorhergehenden nicht, wegen ihrer harmonischen Zurückhaltung, und stellen zum folgenden den siebenten

Ton

Ton vor, dessen Schlußfall nur bei Fragen und Ausrufungen statt findet. Diese Harmonie könnte in jedem Falle Zwischenharmonie heisen, hingegen trägt sie doppelte Früchte, der Vermittlung und Schlußfaßmäßigkeit: fast das nemliche läßt sich von

12) sagen.

13) Dieser Uebergang ist so natürlich, daß man gar keine Täuschung vermuthen sollte; und doch täuscht er, nicht durch seine eigene Kraft, sondern durch die Schwachsichtigkeit unserer Praktiker, die sich in das Feld der Umwendungen nicht zu weit wagen wollen, und diesen Gang,

$$\overset{6}{\underset{4}{}}$$

Des mit 3 als den zweiten von der weichen Leiter F, nie aber als siebenten vom As benutzen. Man frage nur ein Ohr um Rath, das sich nur mit alltäglichen Früchten geweidet hat, ob es nicht nach dem Des den fünften Ton C erwartet hat.

14) Die im Grund liegende Fünfte Gis zum Hauptklange Cis trägt viel bei zum sanften Uebergang.

15) E gis h d und
fes as ces D,

16) Gis h d f
as H d f sind zweideutig.

17) Die

17) Die äussere Stimmen singen sehr gut:
18) hier alle vier.
19) Vom Des ins weiche B ist der Abstand sehr gering, und statt

E ges b des den vierten erhöhten vom B zu vernehmen, erklärt die Folge, daß es der mit ihm zweideutige schlußfallmäßige fünfte Ton vom H mit seiner Harmonie

e Fis ais cis gewesen sei.

20) Nach dem Des, besonders in gegenwärtiger Lage, wo F der Grundton ist, sind wir gewohnt, G den fünften schlußfallmäßigen vom weichen C mit seiner im Baß liegenden Siebente zu vernehmen; diese Harmonie aber f G h d ist mit jener Eis g h d zweideutig.

21) Nur in so weit, als das weiche C nach dem schlußfallmäßigen fünften folgen kann, leidet das Des es hinter sich; allein es sucht hier sein Recht auszudehnen.

22) Nicht ohne schleichende Wirkung sind die unter sich harmonirenden Zwischenklänge beim zweiten Achtel.

23) Die zweite Harmonie ist doppelt berechtiget einzutretten, 1) als der sechste Ton A in der weichen

chen Leiter, und 2) wegen der Zweideutigkeit mit dem vierten erhöhten im Cis:

  cis e g A
  cis e' Fisfis a.

24) Fisfis als cis e und
  g b Cis e sind zweideutig. Ich glaube nicht mehr nöthig zu haben, bei jeder Zweideutigkeit immer und bis zum Eckel wiederholtermaſſen den Stammbaum zu probiren, wer vielleicht noch nicht so ganz geläufig nachdenken könnte, darf nur von jenen mit grosen Buchstaben als Hauptklänge ausgezeichneten Tönen immer zu zehlen anfangen, und ihren in der Leiter angewiesenen Plaz suchen, dann wird sich die ganze Verbindung auf einmal aufklären.

25) Eine entfernte Ausweichung, deren tückische Schwenkung vermittels des ins as übergehenden gis dahin abzielet, um sich in eine ganz verschiedene Tonart hinein zu drängen.

26) Das weiche Dis mit 6 Kreuz ist in gegenwärtiger Tonfolge passender als das weiche Es.

27) Der zweite in weicher, und siebente in harter Leiter sind zweideutig.

28) His dis fis a
  c Dis fis a sind zweideutig.

         19) Es

29) Es mußte diese Lage eben so gebrachselt sein, um durchzuschlüpfen.
30) Fisfis ais cis e und
    g   b cis E sind zweideutig.
31) Das anhaltende cis in der Tenor- oder Mittelstimme, ein zu allen gegenwärtiger zusammenwohltönender neutraler Wohlklang ist glücklich gewählt worden.
32) Ein Kunstgeweb von 4 Stimmen, nicht die Tonfolge zeichnet sich hier aus.
33) His d fis a und
    c D fis a sind zweideutig.
34) fisfis ais cis Dis und
    g   b Cis es sind zweideutig.
35) Der natürliche und vom Diskant nachgeahmte Gesang des Tenors verdient bei einem schlußfallmäßigen bündigen Harmoniengang bemerkt zu werden.
36) Eine durchschneidende Lage der Stimmen, die in der bizarrsten Situation der Seele treffend sein kann.
37) So natürlich diese Ausweichung ist: so wohltönende Wirkung wird durch die zwei anhaltende Zwischenstimmen erzielet.
38) gis h d Eis und
    Gis h d f sind zweideutig.

39) Ein

39) Ein Lokalumstand mag es heißen, daß so entfernte Harmonien einander folgen.

40) a His dis fis und
    A c es ges sind zweideutig.

41) Schlag auf Schlag wirkt diese prachtvolle Ausweichung, mit bündigen Schlußfällen und kräftigen Nachahmungen.

42) Schmelzende Töne
    e ins els und fis
    gis ins g und fis erheben diesen Schlußfall.

43) g h d Eis und
    G h d f,

44) fis Gis his dis und
    Fis as c es sind zweideutig.

Um eine nähere Bestimmung von den hier vorkommenden Begriffen zu wissen: so folgt eine kurze Auseinandersezung.

Ausweichungen

vom harten und weichen D in alle andere Tonarten.

Tab. VI.

1) Da es einen Ton ohne Accidentien, d. i. ohne Vorzeichnung giebt, der weder Kreuz noch b in seiner

ſeiner Leiter hat: ſo iſt D mit 2 Kreuz vom harten Es mit 5 been um 5 Stufen entfernt. Das weiche D mit einem b ſchon um 3 Stufen vom harten D entfernt (welche Entfernung zwiſchen jeden Tones harter und weicher Leiter vorgeht) vermittelt dieſe Ausweichung.

2) Der fünfte ſchlußfallmäſige Ton von beiden Leitern E, die auch beide nach dem D folgen könnten, iſt mit dem vierten erhöhten vom weichen Es zweideutig: dieſe Zweideutigkeit und gegenwärtige vortheilhafte Fortſchreitung der oberen Stimmen in Sechsten, Dritten und Vierten, beim anhaltenden Baß, machen dieſe künſtliche Ausweichung angenehm.

3) Willkührlich, aber deſto erhabener iſt hier der Mittelſaz des unentſcheidenden ſechsten Tones, der durch den Beitritt ſeiner groſen Dritte zum Schlußfalle befähiget worden.

4) Die widrige Bewegung und die harmoniſche Austheilung, verhältnißmäſige Entfernung der Stimmen, und der ſanfte Zwiſchenſaz des ſiebenten Tones in der harten Leiter verdienen hier bemerkt zu werden.

5) Hier zeichnet ſich der Tenor mit ſeinem ungezwungenen Geſange aus. Fis a c es und
 ges A c es ſind zwei‑
D   deutig,

deutig, und nur im lezterem Betrachte darf die Harmonie vom harten B folgen.

6) Die verminderte Siebente löset sich hier hinaufwärts auf. Die Anlage gegenwärtiger Tonfolge zielet blos dahin ab, um in der oberen Stimme eine gleichsam enharmonische Stufenreihe anzubringen.

7) Auch hier wurde dem mittleren Gesange, vom Alt und Tenor zum Vortheile, eine schickliche Tonfolge gewählt.

8) Hier sind die zwei ersten Viertel von derselbigen Harmonie: die Entfernung ist nicht gross, und desto mehr Raum für gesängige Zusammenstimmungen.

9) Vom D ins G ist gar keine Ausweichung nöthig. Die Tonfolge ist so neu, als alltäglich die widrige Bewegung zwischen zwei äusseren Stimmen.

10) Die zwei Zwischenharmonien hier sind A der fünfte mit groser Dritte, groser Fünfte und Unterhaltungssiebente, dann A der zweite mit groser Dritte, kleiner Fünfte und kleiner Siebente, der in den fünften vom weichen G schliesset.

11) Die erste Harmonie vom D wird durch die Folge der weichen Tonart G zum fünften schlussfallmäsigen hievon; und hiedurch gewinnt der fünfte

fünfte schlußfallmäsige Ton vom As Gelegenheit, in einer schicklichen Lage einzutretten.

12) ais cis e Fisfis und
   Ais cis e g sind zweideutig.

13) Willkührlich, aber desto prächtiger steht der zweite Ton mit seiner wenig, oder unentscheidenden Siebente in der Mitte.

14) Die weiche Tonart vermittelt diese Tonfolge.

15) Auch hier. Diese vierstimmige Lage der Töne macht gute Wirkung.

16) Fis a c es der siebente vom weichen G, der das vorhergehende harte D zum fünften schlußfallmäsigen macht, und
   ges A c es der siebente vom weichen B, dem noch zum Ueberfluß der wahre fünfte folgt, sind zweideutig.

17) Lauter Schlußfälle, wobei die Unterhaltungssiebente a in die Höhe steigt; wozu ein neutraler Wohlklang in der Mitte fis anhält.

18) Ein zusammengeschmolzener Schlußfall vom siebenten Eis aus der weichen Leiter Fis, und das schlußfallmäsige Fis, stehen in der Mitte.

19) Der siebente Ton vom harten C, dem ein sechsfach zweideutiger vorhergegangen, bringt uns sehr sanft, auf desto seltenere Art ins C.

20) D

20) D der fünfte schlußfallmäsige von beiden Tonarten G wird durch die Herablassung der kleinen Fünfte vom a zu as der zweite vom weichen C, in dessen schlußfallmäsigen fünften Ton diese Ausweichung sich endiget.

Der fünfte Ton in harter Leiter kann nie schlußfallmäsig heisen, er braucht auch keine Aenderung zu leiden, da aber in der weichen Tonart keine Entscheidung ohne der Erhöhung der Dritte zu erzwingen ist: so wird der fünfte erst dadurch fähig einen Schlußfall zu bewirken, d. i. er wird schlußfallmäsig.

21) c es Fis a und

c es ges A worauf der fünfte vom Des leicht eintretten kann, sind zweideutig.

22) Nicht eben diese sehr willkührliche Tonfolge, sondern die schmelzende vier Stimmen zeichnen sich aus.

23) Sehr willkührlich, aber mit dem besten Erfolge, steht eine unentscheidende kleine Siebente beim B, eh noch die Unterhaltungssiebente eintritt.

24) Der siebente vom weichen C und der siebente vom weichen Es sind zweideutig; obschon der Schlußfall mit einem fünften, beiden Leitern gemeinen Ton geschieht: so wird doch durch die Zweideutigkeit des vorigen das Gehör sicher gestellt. 25)

25) F a c es und

f a c Dis sind zweideutig: hiedurch schmelzt die Harmonie in den Schlußfall vom E.

26) C e g b und

c e g Ais sind zweideutig: dieser vierte erhöhte vom weichen E gränzt sehr nahe an den siebenten schlußfallmäsigen vom weichen H.

27) Eine sanfte Tonfolge: wir sehen hier, wie an verschiedenen anderen Orten, daß meistentheils die Zwischenharmonien, wenn man die Harmonik der Töne wohl versteht, wegbleiben, und alle Ausweichungen, gleichwie vom Cis und Des, leicht können mit 3 Harmonien bestritten werden.

28) So edel als der Gesang der oberen Stimme in die Höhe steiget: so natürlich sinkt der Baß in die Tiefe bei der erhabensten Tonfolge wie die Hauptklänge F B G C zeigen.

29) Vielleicht nur gegenwärtige Lage kann die dreiste Vorausnehmung der Folge des schlußfallmäsigen Des nach dem harten B linderen: die Altstimme zeichnet sich in der Mitte durch das ungezwungene Gesang dabei aus.

30) f as H d und

F as ces eses sind zweideutig. Diese Vorzeichnung mit 7 been ist nicht üblich; weil man mit 3 Kreuz das weiche Fis deutlicher bezeichnen kann,

und

und so selten ist der Ton bb, die kleine Dritte.

31) Bündige Hauptklänge, die desto kraftvoller in ihrer Wirkung sind, als schlußfallmäsig sie einander folgen D A D G.

32) Statt in den ersten geht der Schlußfall in den fünften, und geschieht, statt wie vorher mit dem fünften, jezo mit dem erhöhten vierten und der weichen Leiter eigenem Tone.

33) Der vierte Ton vom weichen D, das weiche G mit seiner kleinen Siebente wird durch die Erniedrigung der Fünfte auf einmal der siebente Ton vom As.

34) Eine schleichende Stellung der 4 Stimmen, um das Gehör zu betrügen.

35) Sanfter Uebergang.

36) Man betrachte den Unterschied, wie hier, das weiche D in weiche A, und vorher 25) ins harte E übergieng.

37) Die Elfte d zum fünften dann siebenten Tone A trägt unmerkbar viel bei, um diese Ausweichung bedächtlich fortzuführen.

38) Der fünfte Ton kann in beide Tonarten schlie‌sen, nur der siebente mit der verminderten Siebente ist der weichen Leiter eigen.

39) Der

39) Der fünfte Ton A schleicht sehr sanft in den siebenten.

40) Der fünfte vom F und vierte erhöhte vom weichen E sind zweideutig.

41) Diese Ausweichung scheint keine Ausweichung, sondern ein, auf eine tückische Weise aus einem Tonstücke im C, entwendter Fleck zu sein.

Diese Sammlung von Ausweichungen ist auch nicht allein deswegen mit so vieler Mühe hergesetzt, daß man nur gleichsam von dem Besitze eines Haupttones zum anderen mit Extrapost fahren lerne, und dabei alles nachläßig übergucke, was auf dem Wege vorgekommen; nein; hundert Arten von Gängen, von Folgen, von Harmonien, von Zusammenstimmungen, von Lagen: ec. können dem Organisten oder Liebhaber vom Accompagniren oder Tonsetzer eine copia verborum, einen reichhaltigen Erfindungsgeist einätzen, ihn mit lebendiger Praktik zu allen Vorfällen geschickt machen, und unvermerkt wird sein Geist mit harmonischen Wendungen angefüllt sein.

Es gibt junge fleißige Leute, die keine Mühe scheuen, und oft mit solchen Regeln und Uebungen sich abgemattet haben, die dazu sie noch lehrten, wenn sie einen Schritt vorwärts thaten, drei zurück zu thun. Diese sollten die musikalische Beispiele dieser Organistenschule so oft spielen, bis sie ihnen nicht nur geläufig geworden, sondern bis sie sie ganz auswendig können. Wenn sie nun in diesen gegenwärtigen 528 Ausweichungen wohl bewandert wären, was würde man nicht von ihnen zu erwarten haben? Die Erklärung ist ohnehin so leicht, und ich würde mich schämen, die nämliche Gründe so oft zu wiederholen, wenn ich nicht sicher dadurch einen grosen Nuzen zu erzielen, und allen Lesern deutlich zu werden trachtete.

Ueberhaupt gründet sich das ganze Werk der Mehrdeutigkeit, wo wir den Schlüssel zu allen Ausweichungen finden, auf diejenige Aenderungen, die in der weichen Leiter mit der Erhöhung der unentscheidenden kleinen Dritte vorgehen; weil z. B. das E gis und nicht g zum Schlußfalle haben darf: so muß dieser Ton, wenn er zum Grunde liegen und zum Hauptklange dienen soll auch erhöht werden, dadurch entsteht eine Harmonie von drei kleinen Dritten, und wo man in 4 Tönen sein kann; weil der vierte Ton, der gleichsam der siebente zum fünften ist, auch erhöht wird: so entsteht die verminderte Dritte, und diese Harmonie ist mit einer anderen eines

schluß-

schlußfallmäßigen fünften Tones zweideutig; weil der zweite Ton vom fünften der fünfte ist, und deswegen eine Dritte auch erhöhen darf: so entsteht eine neue Zweideutigkeit zwischen zwei zweite Töne u. s. w. der übermäßigen Fünfte, die als eine grose Dritte vom fünften schlußfallmäßigen Tone dem dritten Tone zurückgelassen worden, von all den Umwendungen u. d. g. m., die hieraus erzeugt werden, nicht zu gedenken.

Eine Kette von Folgerungen und Fortschreitungen!

Da ich vorher Zusammenstimmungen und dann Harmonien gesezt: so muß ich auch den Unterschied angeben, den ich zuweilen unter ihnen mache, ob diese Begriffe schon meistentheils sich miteinander vermischen können. Harmonie ist eigentlich eine gewisse untrennbare heimliche Relation zwischen verschiedenen Klängen; wie nun auf dem Tonmase eine einzige Seite mehrere Töne schon vernehmen läßt: so gibt es eine innere Eintracht von mehreren Klängen: diese Harmonia intrinseca existirt, eh wir noch Töne zusammenklingen oder zusammenstimmen lassen. Also Harmonie sagt viel mehr, und gleichsam etwas metaphisisches von dem, was die Zusammenstimmung und manchesmal sehr unvollständig mit tausend Zusätzen von Uebelklängen vermischt auf eine mechanische Art dem Gehör beibringt: manchesmal sagt auch Zusammenstimmung soviel als die Lage, das Zusammenklingen, gewisser nach dem ewigen Geseze der Harmonie zusammengehörigeu Töne.

42) Bei einer gelinden Tonfolge und mannichfaltigem Aus- und Anhalten der oberen Stimmen, zeichnet sich der Baß durch sein schmelzendes Erhöhen aus.

43) Ein Muster einer vierstimmigen, in verschiedenen einfach, sehr natürlich singenden, wesentlichen harmonischen Theilen, widrigen Bewegung!

44) Statt dem vermeintlichen fünften Tone A, entwickelt sich erst beim Eintritt des zweiten, daß auch voriger vom weichen Cis der vierte;erhöhte gewesen sei. Die Elfte d ist hier, wie 37) von guter Wirkung.

Ausweichungen

harten und weichen *Dis* und *Es* in alle andere Tonarten.

Tab. 7.

1) Eigentlicher sollte hier *Dis* statt *Es* stehen; weil *Dis* wie E mit Kreuz bezeichnet ist: dieser kleine Unter-

Unterschied verhindert deswegen nicht, daß H nach dem Es folgen dörfe.

2) Ganz unvermuthet tritt der siebente schlußfallmäsige Ton vom weichen E nach dem siebenten Ton vom harten B ein, und die Tonfolge bekommt eine andere Wendung.

3) Willkührlich, aber mit dem besten Erfolge steht hier der unentscheidende siebente Ton in der Mitte.

4) Auch hier wird vom siebenten schlußfallmäsigen die weiche Tonart angekündiget.

5) Das weiche Es und harte Ges sind die zwei verwandetste Tonarten vom verschiedenen Geschlecht.

6) D fes as ces gleichsam der vierte erhöhte nach dem vorhergegangenen vermeintlichen fünften Ton Es mit seiner grosen Dritte und

d E gis h der fünfte vom A sind zweideutig.

7) Hievon könnten (nach der Tonsezk. 61. §. 69. S.) die Hauptklänge nicht im Grunde liegen, desto schmelzender ist hier die Wirkung der Umwendung.

8) Eine erhabne Ausweichung sowohl der Tonfolge als Lage nach, wobei der vierte erhöhte Ton mit so viel Bescheidenheit (wenn ich mich mahlerisch ausdrücken darf) zwischen zwei Haupttönen den Mittler abgibt, die sonsten nicht als Haupttöne doch

doch als Hauptklänge hinter einander eintretten können, wenn Es auch in die Tonart vom Es als der sechste gerechnet wird.

9) Ein anderer praktischer Tonseßer würde zum gegenwärtigen Gesange der oberen Diskant- und unteren Baßstimme eine andere Mittelharmonie und ohne Zweifel jene vom $\overset{6b}{\underset{5}{F}}$ statt $\overset{6b}{\underset{4}{F}}$ gewählt haben; allein diese ist neuer, anständiger, und jene fehlerhaft gegen die Tonseßkunst 46. §. 59. S.

10) E g b des und
fes G b des sind zweideutig; diese Harmonie kündiget das weiche As an.

11) fes as B d vom weichen As der zweite, also nach dem vermeintlichen fünften Tone Es sehr schickliche Ton, und

E gis b d vom weichen D der zweite, und zu den Tonarten A wenigstens mit einem Anspielungsrecht begabte Ton, sind zweideutig.

12) as B d f und
Gis b d f sind zweideutig.

13) Durch das Hinaufsteigen der Unterhaltungssiebente steht hier eine neue leitermäsige widrige Bewegung zwischen den zwei äussersten Stimmen da; wenn

wenn diese Zusammenstimmung in 4 besondere Stimmen ausgetheilt würde: so könnte der Alt mit dem Baß noch singender, und in Dritten fortwandeeren.

14) Um ins weiche B überzugehen steht hier das wehe B schon selbst da, aber ohne Schlußfall und folglich ohne Bestimmung. Hierdurch bestättigt sich jenes, was ich von der Zwischenharmonie oben gemeldet habe, daß ohne schlußfallmäßig vorhergehende Harmonie kein neuer Hauptton, wenn er schon zehnmal vorgekommen ist, Besiz nehmen könne, und daß diese schlußfallmäßge Harmonie nicht Zwischenharmonie als eine Mittlerin, als eine Vorbereiterin künftiger Tonfolgen, sondern als ein wesentlicher der Leiter einverleibter Bestandtheil zu betrachten sei.

15) Das weiche Dis, das 6 Kreuze und nur ein Kreuz mehr als H in der Vorzeichnung mit sich führt, ist mit dem weichen Es zweideutig.

Diese Zweideutigkeit vom c mit dem his

cis	des
d	ciscis
dis	es
e	fes
fis	ges
g	fisfis
gis	as
ais	b
h	ces

ist

ist nur eine Vorstellungsart, die uns die näheren Abstände zu kennen gibt, und die der Mehrdeutigkeit eigenes Geschäft ist, weit gesuchte entlegene Schlußfälle zu bestimmen, so verdienen diese Namensunterschiede nicht anderst, als in Bezug der harmonischen Uebergänge bemerkt zu werden. Wer von doppelten Kreuzen und been sich Kenntnisse erwerben will, findet manchesmal von einem eses und bb, auch ciscis die Anwendung in gegenwärtiger Sammlung.

16) f as H d oder
    f as ces D und
  Eis gis h d sind zweideutig.

17) Ein Muster einer vierstimmig widrigen, harmonischen Bewegung: widrig heißen der Diskant zum Alt, Diskant zum Tenor, Alt zum Baß, Tenor zum Baß; harmonisch der Diskant zum Baß, Alt zum Tenor: so sind die einzelne Stimmen unter sich einfach gesetzt, und erzielen im Ganzen hiedurch eine Mannichfaltigkeit. Junge Tonsetzer, nicht nur Organisten, sollten hievon Nachahmungen machen, und wenn sie nichts anders zu thun wissen, diese Harmonie in 4 Stimmen und verschiedene Umwendungen aussetzen.

18) Das

18) Das harte Es und weiche C sind zu nah, als daß die Ausweichung durch Täuschungen interessant werden könnte.

19) Der Zwischenklang des ist nicht ohne Bedeutung, und kündiget erstens die Folge eines mit mehr been bezeichneten Tones, zweitens das stufenmäßige Sinken der oberen Stimmen an. Ueberhaupt kann die solide Kenntniß der Zwischenklänge, die so selten als nöthig bei Tonsetzungen und Präludien ist, einen Zögling in kurzem dazu befähigen, daß er nach Gefallen tausche und übermesse. Nehmen wir nur die Mehrdeutigkeit des siebenten Tones, der vier Haupttönen zukommen kann, zum Beispiele:

   Gis h d f den siebenten vom weichen A;
       und hiezu sind

Zwischenkl. a c e
   H d f as den siebenten vom weichen C;
       und hiezu sind

Zwischenkl. c es g:
   D f a ces den siebenten vom weichen Es;
       und hiezu sind

Zwischenkl. es g b:
   Eis gis h d den siebenten vom weichen Fis;
       und hiezu sind

Zwischenkl. fis a cis: und diese kündigen deutlich,

eh der Schlußfall die Mehrdeutigkeit aufkläret, den künftigen Haupttton schon an.

20) Die weiche Tonart Es dienet hier zur Vermittelung. Der weichen Tonart eigener Schlußfall des siebenten Tones C mit der verminderten Siebente bb führt die Sprache.

21) Hauptklänge Cis   A
    der vierte erhöhte   der fünfte schluß-
    vom weichen G   fallmäsige vom D.

22) Dieser Uebergang sondert sich vom vorigen nur durch die Versetzung der Stimmen, und der Schlußfall geschieht, statt dem fünften durch den siebenten Ton.

23) Hier geschieht die Ausweichnng von dis und nicht von Es ins E. Wenn aber von Waldhornen die Rede ist: so heißt es nicht Dis - sondern Es Horne; weil das g und b zum Dis unmöglich Wohlklänge sein können; ja aus der Tonwissenschaft wissen wir, daß wenn g zum C als das Fünftel stimmt, zum Es als das Drittel unmöglich stimmen könne, und immer zu hoch ausfalle nach jener Verhältniß 80 : 81; das Dis wär aber im Baß noch tiefer als Es und folglich die Dritte g übermäßig hochschwebend. Die Zweideutigkeit der Töne dis und Es auf den Clavieren

vieren und der Orgel darf dieser Deutlichkeit in der Ausweichungssprache nicht schädlich sein.

24)
25) Hier kann man sehen, wie in 2 Zeilen eine vierstimmige Harmonie, die sich durch eigene Gesänge auszeichnet, müsse geschrieben und gelesen werden. Eine halbe Not gilt 2 Viertel, und diese halbe Not muß zwischen 2 Vierteln in der Mitte stehen: ein Viertel gilt zwei Achtel, und dieses Viertel muß zwischen zwei Achteln in der Mitte stehen. Wenigstens war meine Vorschrift sehr genau für den Stich eingerichtet, um beim ersten Anblick die Eintheilung und das Zusammentreffen der verschiedenen Parthien zu verstehen, daß z. B. 24) das h angeschlagen werde, wenn der Punkt fis anhält, der Punkt dis anhalte, wenn das a und c angeschlagen werden. So ist auch 25) das Viertel b als die Hälfte einer halben Note ein wenig weiter vorgerückt als es, und wieder steht das Achtel es als die Hälfte von einem Viertel etwas heraus, um dem Auge alle mögliche Deutlichkeit zu verschaffen. In diesen zwei Ausweichungen läßt sich noch eine andere Bemerkung anbringen, die sich auf die Vorzeichnung beziehet, und den eigenen

E Stant

Stand von jedem Kreuz oder b bestimmt, nachdem der fünftenweise Zuwachs es angiebt.

Das erste Kreuz fis muß vor dem zweiten, dem eis   b   b
es
das dritte Kreuz gis muß vor dem vierten, dem dis   b   as
des stehen.

Aber sehr unrecht wird, wenn z. B. ein Rondo aus dem harten A vorausgegangen, und in der weichen Tonart der Mineur folgt, die Ordnung der ersten Sezart mit den Auflösern beibehalten: hier muß der Auflöser vor dem gis zuerst, dann vor dem cis, und zulezt vor dem fis stehen; weil zum Auflösen das dritte Kreuz ehender als das zweite, das zweite ehender als das erste Anspruch haben, da das zweite Kreuz das erste, das dritte Kreuz das zweite schon einschließt.

Das freie muthige Gesang des Tenors bewirkt hier einen kirchenmäsigen Schlußfall. Sieh die Tonsezl. 49. S. 28. §.

26) Der vierte erhöhte Ton söndert sich vom schlußfallmäsigen durch seine verminderte Dritte.

27) Die zwei verwandtesten Tonarten von verschiedener Leiter sind jene, wo die harte Tonart zur Harmonie der weichen zwei Töne liefert, und

dann

dann jene, wo die weiche Tonart zur Harmonie der weichen zwei Töne liefert. Die weiche Tonart ist nur durch die Verrückung der Dritten entstanden, die harte geht ihr in allem Betracht vor, und deswegen ist das weiche E nicht so nahe als das weiche A zum harten C verwandt: eben so verhält sich das weiche Es zum harten Ges. Nur der Lage zu gefallen steht der vierte Ton Ces vom Ges in der Mitte.

28) Daß hier bei dem weichen Dis, das ohnehin Hauptton und Hauptklang ist, noch 3 angemerkt worden, geschah der Lage zu gefallen; weil dadurch gleichsam der Sechste der Platz in der nämlichen Stimme, wo die Fünfte lag, und der Vierte der Platz in der nämlichen Stimme, wo die Dritte lag, angewiesen wird.

29) Vom weichen E ins harte G ist der Weg sehr nah, ins weiche E aber vom weichen Es müßte man durch die Zweideutigkeit des siebenten Tones vom Cis, und siebenten Tones vom E kommen.

30) Hier löset sich, dem Gesichte nach, die Siebente ces nicht in einem Gradual-Ton, d. i. nicht stufenmäßig auf, da aber h und ces einen Tasten haben:

haben: so urtheilt das Gehör nach hören und nicht nach sehen; zudem war hier meine Absicht, verschiedene kleine Irregularitäten und nicht nur Digressionen, sondern auch Ausschweifungen vorzuzeigen. Auch könnte dem Gesichte auffallend vorkommen das h mit einem Strich, das c mit zwei Striche, folglich in einer andern Abtheilung für einen und denselbigen Ton anzunehmen; dieser Zweifel aber löset sich gleich auf, wenn man weiß, daß zwei Noten eine auf der dritten Linie, und die andere zwischen der dritten und vierten Linie denselbigen Ton ausmachen.

1) Um die Lage zu verschönern steht willkührlich das weiche B in der Mitte.

32) Auch hier ist ein sanfter Mittelsaz angebracht.

33) h dis fis Gisgis der vierte erhöhte Ton vom weichen Dis und

H dis fis a der fünfte schlußfallmäsige vom E, das mit dem A sehr nah verwandt ist, sind zweideutig.

34) gis Ais ciscis eis der fünfte schlußfallmäsige vom weichen Dis und

Gis b d f der vierte erhöhte Ton vom weichen D sind zweideutig; nun ist es leicht, daß die verminderte Dritte in die kleine hinaufsteige, und

und den schlußfallmäßigen siebenten Ton vom weichen A vorstelle.

35) Das harte Es als der vierte Ton kündiget noch vor dem Schlußfalle seinen Hauptton an.

37) Die vierstimmige Austheilung, Entfernung und Lage sind bemerkungswürdig.

37) Die Verwandtschaft ist so nah, daß vor dem Schlußfalle das H schon eintretten kann.

38) Nach dem fünften Ton von beiden Tonarten tritt der weichen Leiter eigener Ton ein.

39) Sowohl nach dem; siebenten vom weichen Es, als nach dem siebenten vom weichen C (weil dieser mit jenem zweideutig ist), kann der fünfte schlußfallmäßige, das G eintretten.

40) Eine unentscheidende kleine Siebente leitet sehr sanft in das weiche C.

41) Eine Folge von lauter Schlußfällen thut hier bündige Wirkung.

42) Aus dem siebenten Tone Fisfis wird durch die Verminderung der Dritte der vierte erhöhte.

43) Wieder schlußfallmäßig versetzte Hauptklänge, wie 41) entscheiden hier.

44) Eine schmelzende Harmonie ist immer jene, wo die Dritten und Fünften allmählig wechseln, und stets andere Töne anhaltend liegen bleiben, und, (wenn ich sagen darf) zu verschiedenen

Haupttönen bei verschiedenen Bestimmungen eine Neutralität beobachten.

Ausweichungen

Vom harten und weichen E in alle andere Tonarten.

Tab. 8.

1) Sanft schmelzende Lagen der Stimmen, der bedeutende Zwischenklang d, die Zweideutigkeit des vierten erhöhten vom weichen E und des fünften schlußfallmäßigen vom F befördern diesen Uebergang.

2) Man glaubt hier den fünften Ton vom Fis zu hören, die Folge aber entscheidet, daß es der vierte erhöhte vom weichen F gewesen sei. Die Siebente as würde ausgelassen; weil sie sich hier nicht wohl auflösen könnte.

3) Der siebente Ton in der harten Leiter, der sonst sehr matt ausfällt, leistet hier wesentliche Dienste.

4) Der siebente Ton der weichen Leiter kömmt hier vor, und nun läßt sich in diesen zwei Ausweichungen der Unterschied des siebenten in harter und weicher Leiter leicht begreifen.

5) Auf einmal vom vierten Tone in den ersten ein Schlußfall! Dieser Uebergang ist so eng in der

Austheilung der Stimmen, daß er anfänglich nur dreistimmige Harmonie liefert — Alle Vortheile gelten; denn wie könnte sonst C nach dem E folgen?

6) Die Lage des Tenors mit dem Baß mit lauter Dritten, des Diskantes mit dem Alt, fast in lauter Sechsten, zeichnet sich nebst der Mehrdeutigkeit nach aus.

7) Diese Lage des harten E die etwas eingeschränkt scheint, und sich in die mannichfaltige Harmonie des fünften schlußfallmäßigen Tones ausbreitet, ist bemerkungswürdig.

8) Der Zwischenklang des ist nicht unbedeutend; denn er kündigt einen tieferen Ton an, der nachher Hauptklang von der ganzen Harmonie wird.

9) Die nahe Verwandschaft läßt keine Täuschungen vor, doch zeichnet sich hier das Gesang des Basses aus.

10) Die wiedrige Bewegung des Diskantes zum Tenor ist so neu, als wenig entfernt der Abstand beider Gränztöne.

11) Das E als erster und Hauptton wird durch die Folge vom fünften schlußfallmäßigen F mit dem fünften Tone E vom A deswegen zweideutig; weil c Dis f a und

c es F a die nemliche Tasten auf dem Claviere sind.

12) Die beiden zweiten Töne von E, Fis ais c e
und B, Ges b C e
sondern sich auf der Orgel nicht.

13) Ein vierstimmiges Kunstgewebe, das allen Tonschülern zur Nachahmung empfohlen wird.

14) Die seltne Lage einer alltäglichen Tonfolge zeichnet gegenwärtigen Uebergang von anderen aus. Ich wünschte überhaupt, mit den vierstimmigen Beispielen der 528 Ausweichungen die junge Organisten auch in der Sezkunst zu unterrichten, deren Hauptgeschäft nach der Tonwissenschaft die planmäsige Austheilung der Stimmen sein muß. Die Farbenmischung ist ja das Hauptgeschäft verständiger Maler.

15) g h d Eis und
G h d f sind zweideutig, und deswegen getraut sich das harte C schon einzutretten.

16) So sind auch Eis gis h d und
f as H d zweideutig, und zu diesem schnellen Uebergange der Grundstoff.

17) Wieder ein siebenter Ton in harter Leiter, der nur Plaz findet, wenn keine Entscheidung, das ist, eine bestimmte Karakteristik fremder Besiznehmungen erfoderlich ist.

18) Eine finstere Harmonie des zweiten Tones bringt uns vom harten E in den fünften Ton vom weichen Cis.

19)

19) Auch unter den unentscheidenden Tönen sind der zweite in weicher und siebente in harter Leiter zweideutig; wie wenig man aus Abgange eines Reductionssystem die Umwendungen bisher gekannt hatte, erweiset sich klar hieraus, daß man nach dem gegenwärtigen $\overset{6}{\underset{5}{E}}$ nie das hier folgende $\overset{6}{\underset{5}{Fis}}$ wovon $\overset{7}{C}$ und $\overset{}{\underset{5}{D}}$ die Hauptklänge sind, zu vernehmen gewohnt war, sondern immer nach dem $\overset{6}{\underset{5}{E}}$ das Fis erwarte: im ersten Falle ist Cis der siebente vom harten D, im zweiten der zweite vom weichen H.

20) Sanft schleichen alle vier Stimmen stufenweis in einander, und das Resultat einer solchen Harmonie ist: un certo non so che: man empfindet ein gewisses Vergnügen bei Anhörung einer sanften — auch sanft verführerischen Musik, das sich durch nichts als durch die gesängige Zusammenstimmungen erzielen läßt. Das Auge, um den Grund zu entdecken, findet ein Vergnügen an einem Gemälde, das rund ist, das

eingehöhlte Fleisch und Narben handgreiflich vorstellt; das Aug wird beleidigt, wenn es einen spizigen Pinzelzug, ein freches Geschmier erblickt, ob derjenige schon nicht im Stande ist, sich näher und bestimmter hierüber zu äussern. Dieser Zusammenhang der runden Theile ist eine gefängige Vierstimmigkeit und das Gegentheil davon platt hingeworfener Saz von vier nur nicht mißlautenden Parthien.

21) Eine schlüpferiche Lage und Wendung bewirket hier, was, den Hauptklängen nach, unmöglich scheinen sollte.

22) Die zwei äussere Stimmen schmelzen zusammen, wie die Tonfolge zweier schlußfallmäsiger Harmonien, des vierten und fünften Tones vom weichen Es.

23) Der Diskant und Tenor sind durch ihre kraftvolle Bewegung hier die Leittöne ins F.

24) g h Cis eis und
G h des f sind zweideutig, deswegen erwartet das Gehör statt dem fünften Tone C vom weichen F, den fünften Ton Fis vom weichen H: man stelle diesen Vergleich an.

25) Das h in der oberen Stimme dient zur Vereinigung entfernter Tonfolgen.

26) Eine

26) Eine vierstimmige widrige Bewegung bringt den vierten erhöhten Ton unvermerkt zum Schlußfalle an.

27) Daß nach dem $\overset{5}{A}$ nicht $\overset{6}{\underset{5}{H}}$, sondern $\overset{6}{H}$ folgt, ist eben so neu, wie 19)

28)
29) Mehr der Lage als Harmonien nach gehen diese Ausweichungen von statten.

30) Das g, welches in fisfis hier übergeht, verursacht eine allgemeine Uebersetzung der Tonfolge: E Fisfis Gis.

31) In Ansehung der natürlichen und dazu harmonischen Lage ist hier zu bemerken, daß wenn, wie z. B. im Alt nach dem gis nicht das nahe a, sondern der Ton e folgt, ein Zwischenklang sehr bedeutend werde: das fis ist deswegen so kräftig als neu.

32) Daß zwischen g und f das fis als ein Zwischenklang erscheinen können, ist vielleicht etwas neues: man bemerke nur diese Lage und ihre Wirkung.

33) Eine besondere Wendung führt hier vom gewöhnlichen Pfade ab, und reißt uns hinweg, ohne vermuthen zu können: wohin!

34) Leichter, fließender und angenehmer wird schwerlich in der sanftesten Toneinheit eine vierstimmige widrige Bewegung statt finden.

35) Der

35) Der ausgeschweifte Gesang des Tenors verdient bemerkt zu werden.

36) Wenn Ais die verminderte Dritte hätte: so wär es der vierte erhöhte Ton vom weichen E; die kleine Dritte aber cis verändert die Vorzeichnung, und macht das fis zum siebenten vom weichen Ais in der Leiter H.

37) Der neutrale Wohlklang (nach unserer Sprache) das G im Grunde, ist zum E 3
         C 5
         G 8

38) Das Gehör glaubt in die nächste Tonart auszuweichen, und wird durch die Zweideutigkeit auf einmal in eine versetzt, die um 3 Stufen entfernt ist.

39) Nur ein Lokalumstand mag es heisen, daß so entfernte Tonfolgen ineinander schmelzen.

40) Der fünfte Ton von beiden Leitern D kömmt mit dem vierten erhöhten vom weichen Cis überein, und täuscht hiedurch das Gehör.

41) Die Auflösung der siebente h zum Hauptklange Cis ist so neu, als natürlich; es kömmt 17) hievon schon ein Beispiel vor.

42) Das erste a im Tenor könnte ein Nachschlag und Tonvereinigung, wie bei der Singleiter in

            der

der Stimmbildungskunst angemerkt worden, vorstellen.

43) Der Tenor zeichnet sich hiebei aus. Dieser Uebergang mag auch ein Lokalumstand heisen.

44) F a ces es der zweite schlußfallmäsige Ton vom weichen Es und

f a H dis der zweite schlußfallmäsige Ton vom weichen A sind zweideutig.

Ausweichungen

vom harten und weichen F in alle andere Tonarten.

Tab. 9.

1) Um vom harten F, das nur ein b hat, ins Ges, das sechs b hat, überzugehen, ist der natürlichste Mittelsaz, das weiche F mit vier ben.
2) Nicht nur die Zweideutigkeit der siebenten Tönen von den weichen Tonarten A und Fis, sondern auch die Lage der zwei singenden oder vielmehr sangbar gesezten Mittelstimmen trägt viel zur Täuschung bei.

Unter sangbar verstehe ich eine gewisse melodische Schweifung, malismatische Verzierung und überhaupt einen geschmackvollen Saz der harmonischen Tönen. Zu einigem Beispiele kann diese Aus-

Ausweichung dienen; wären hier im Tenor nicht zwei Zwischenklänge das es und c, im Alt nicht der Zwischenklang a, und hätte der Alt, statt in der ersten Note c mit dem Diskant einklängig zu werden, einen eigenen Ton a gehabt: so hörte alle Täuschung auf, obschon die nemliche Harmonie blieb.

3) Die sanfte weiche Tonart, die willkührlich eingeschaltet worden, zeichnet sich hiebei aus.

4) Es geschah mehr um der äusseren Stimmen eine Aehnlichkeit, eine gewisse (wenn ich mich so ausdrücken darf) Ründe zu geben, als wegen dem Uebergang, daß das harte B in der Mitte steht.

5) Das weiche F, das mit dem As in der Vorzeichnung übereinkömmt, vermittelt hier den Schlußfall.

6) Ein fünfstimmiger Betrug: die kleine Siebente löset sich in die verminderte auf, da das entscheidende des eintritt.

7) Neuer als schön ist die Folge des siebenten Tones Gis von der harten Tonart A, nach dem schlußfallmäsigen fünften von beiden Tonarten D.

8) Da der Tenor ungezwungen, wie ein rieselnder Bach zwischen den Gesträuchen sich fortschlängelt,

gelt, sucht der Diskant einen ganz anderen Weg. Diese gleichnißweise Ausdrücke setze ich nicht, um blümigt zu sprechen, sondern um den Eindruck der theoretischen Gründe auf das Ohr, und dessen vielfache Gleichheit mit dem Auge zu beweisen; weil die junge Organisten nicht nur mechanisch spielen, sondern auch empfinden lernen sollen, was sie spielen.

9) Hauptklänge F, C, $\overset{7b}{F}$, B. Die Unterhaltungssiebente es im Diskant, wird vom Baß beim sechsten Achtel ausgetauscht und aufgelöst.

10) Wenn wir noch jetzo Namen suchten: so würden wir gegenwärtige Ausweichung Contrarietas harmonica nennen; weil der Diskant und Baß, Alt und Tenor miteinander so wohltönen, aber beide Paar Stimmen einander widrig gleichsam aus dem Wege gehen.

11) Die siebente Töne vom weichen D und weichen H sind zweideutig.

12) Der fünfte vom C und der vierte erhöhte vom weichen H täuschen hier das Gehör.

13) Der vierte erhöhte Ton der harten Leiter, der sonst wenig entscheidet, wird hier bei der gelindesten Folge mit Vortheil gebraucht.

14) Der

14) Der siebente schlußfallmäsige vom weichen G, geht dem fünften Tone G vor: ein zusammengeschmolzener Schlußfall. Siehe der Tonsetzk. 53. S. 33. §.

15) S. 18. §. 30. beweiset die Tonwissenschaft, daß die Siebente des zweiten Tones in weicher, und die Siebente des siebenten Tones in harter Leiter, ob sie auf dem Claviere zweideutig sind, sich durch ihre innere Verhältnisse himmelweit sondere, ja sogar in der Ausübung, nach allgemeiner praktischer Bestättigung, sondere; weil die Siebente des siebenten Tones H in harter Leiter ohne Vorbereitung angeschlagen werden darf, und die Siebente des zweiten Tones H in weicher Leiter unvermeidlich vorbereitet sein muß. Aus diesen Gründen wird hier durch den frechen Eintritt des Hauptklanges C beim dritten Viertel das Gehör beleidigt; weil es glaubt den zweiten Ton vom weichen B zu hören, und besänftiget, da die Folge erst zeigt, daß C der siebente Ton vom Des gewesen sei.

Dieser Vorfall kann sich nur bei Ausweichungen eräugnen; weil in zusammenhängenden Sätzen durch die Tonfolge die Zweideutigkeit schon gehoben wird.

16) A

16) A eis e g und
    a cis e Fisfis sind zweideutig.

17) Das ungezwungene Gesang des Tenors zeichnet sich, da alle andere Stimmen ihre eigene Bewegung haben, vorzüglich aus.

18) Wieder zwei Paar vom harmonischen unter sich widrigen Stimmen.

19) Es geschah dem schmeizenden Gesange des Diskant zu gefallen, daß die Harmonie B eingeschaltet worden.

20) Hier ist das weiche B wegen der weiten Entfernung nöthiger.

21) Als der fünfte Ton vom weichen A, erhält hier das schlußfallmäße E seine Unterhaltungssiebente, die sich hinaufzu auflöset.

22) Der kleine Zwischenklang h im Tenor hebt die Zweideutigkeit vom C e g h und
    c e g Ais auf.

23) Sehr tückisch und hämisch gleichsam ist in dem ersten Viertel der Hauptklang f verschwiegen worden, um sicher die verschiedene Wendungen bemänteln zu können. Die Entfernung ist zwar nicht groß: die Tonfolge aber und selbst die Lage besto neuer.

F   26) Nach

24) Nach dem schlußfallmäßigen fünften von beiden Leitern folgt erst der weichen Leitern eigene Siebente mit seiner verminderten Siebente.

Man ist nicht gewohnt, die Vorzeichnung vom weichen Ges mit 7 been zu sehen: es geschah aber; weil das weiche F schon vier been hatte.

25) Nach dem weichen F kann das harte C als dessen fünfter eben so folgen, wie vor dem harten G als vierter hergehe. Der fünfte schlußfallmäßige bestimmt die harte Tonart nicht so genau; weil er auch der weichen zukömmt, und deswegen wurde nicht umsonst das harte G durch seinen vierten dem harten C vorläufig angekündiget.

26) F hat vier, C drei, G zwei been. Dies ist die stufenmäßige Fortschreitung gegenwärtigen Schlußfalles.

27) Willkührlich, aber nicht ohne besondere Wirkung, steht hier das As dem Schlußfalle vor: die Lage des Basses ist sehr günstig.

28) Das durch halbe Töne schmelzende Gesang der beiden äußeren Stimmen ist merkwürdig.

29) So wie bei einem siebenten Ton mit verminderter Siebente, man in vier weichen Tonarten sein kann; so kann man auch in vier harte kommen,

men, wenn die Hauptklänge erniedriget und dadurch zu schlußfallmäßigen Fünften werden.

Z. B. Gis h d f   G h d f
       gis h d Eis   gis h d E
       as   H d f   as B d f
       as ces D f   as ces Des f

Die Zweideutigkeit des siebenten Cis mit dem siebenten H macht, daß letzterer in dem fünften Ton E zu beiden Tonarten A übergehen könne.

30) Der Hauptklang D, zweite vom weichen C oder siebente vom harten Es ist der Mittler zwischen zwei entfernten Harmonien, die zwar durch die Zweideutigkeit zweier siebenten Tönen an einander gekettet werden könnten.

31) Der vierte erhöhte Ton in der harten Leiter ist mit dem siebenten zweideutig, wenn sie keine Siebenten bei sich haben, und so lang ihre Zusammenstimmung dreiklängig bleibt. Bei diesem zweiten Viertel weiß man deswegen nicht, ob das weiche oder harte B, das weiche oder harte F der Hauptton sein werde.

32) Eine widrige Bewegung von vier wesentlichen Stimmen (di quattro parti reali) liegt hier den Orgelschülern zum Muster.

33) So nah als zum weichen A der fünfte Ton vom B; so nah ist zum weichen F der fünfte Ton

vom Ges: statt Ges folgt Fis, (der fünfte Ton vom H.

34) Doppelte Täuschung! Zuerst erscheint C als fünfter Ton vom weichen F, und als erster: mit dem fünften aber vom C ist der vierte vom weichen H zweideutig.

35) Das in den äusseren Stimmen widrig schmelzende Gesang ist bemerkungswürdig.

36) Fis as c es der vierte erhöhte Ton gewinnt in einer sehr schicklichen Lage Gelegenheit, in den fünften einen Schlußfall zu bewirken.

37) Spielend ist hier die Bewegung der äusseren Stimmen, und die blümigte Nachahmung der Mittelstimmen.

38) G bb des fes und
    g A cis e das leicht nach dem harten F hätte eintretten dörfen, sind zweideutig.

39) Etwas frei, und gleichsam eine gewöhnliche Stufe überspringend ist hier die Folge der Hauptklänge   7   7
    C und A

40) Bei dieser Aufhaltung und Verzögerung des zweiten Viertel, vergißt der Zuhörer die vorige Tonart, und nimmt das weiche D willkommen auf.

41) Diese

41) Diese Ausweichung kömmt mit obiger 3) überein.

42) Dies ist der Weg zum weichen Es, wenn F nebst der kleinen Dritte auch die kleine Fünfte annimmt, und endlich zu diesen Tönen der siebente Ton D sich beigesellt.

43) Eis gis h d und
f as H d sind zweideutig. Eigentlich sollte es mit Kreuz geschrieben sein, um auch zu sehen, was man hört, nemlich daß sich die verminderte Siebente hinaufzu auflöse.

44) Fast der nemliche Fall wie vorher; denn
as H d f und
Gis h d f sind zweideutig und die verminderte Siebente hievon kann sich auch hinaufzu auflösen.

Bis hieher die Erklärung von 6 harten und 6 weichen Tonarten! Wer diese mit Bedachtsamkeit gelesen hat, wird die folgende Ausweichungen fast vor sich verstehen können: es werden deswegen nur die ausgezeichneten, und etwas mehr complicirten Sätze erläutert.

Ausweichungen
Vom harten und weichen *Fis* oder *Ges* in alle andere Tonarten.

Tab. 10.

Die Uebergänge geschehen theils durch die Mehrdeutigkeit der siebenten Tönen unter sich, wie 1) 5) 7) 11) 15) 16) 20) 24) 28) 39) theils durch die Zweideutigkeit des vierten erhöhten mit einem anderen fünften schlußfallmäsigen Ton, wie 2) 6) 8) 12) 18) 21) 29) 30) 34) 40) 44).

Von anderen Ausweichungsarten folgt die Erklärung.

3) Es kam oben Tab. 9. 39) die Erklärung eines neuen Ausdruckes vor. Frei, sagte die Anekdot, wär die Folge der Hauptklänge C und $\overset{7}{A}$; da C den fünften vom F wegen seiner Unterhaltungssiebente vorstellte: so war es nicht so auffallend von zwei verwandten Tönen auch ihre zwei fünfte Töne nach einander zu hören. Hier aber soll von dem Ges als ersten Ton ins As, die sich wie C und D verhalten, der Uebergang geschehen. Es dörfte wohl nach dem Ges gleich der fünfte schlußfallmäsige Ton Es vom As stehen; die Wirkung hievon ist aber frei, wo nicht frech:

frech: und kein sanfterer Mittelsaz könnte dazu gedacht werden, als jene Harmonie vom G mit seiner kleinen Dritte, kleinen Fünfte und kleinen Siebente, wodurch das Gehör in eine ängstliche Zweideutigkeit versezt wird, ob es nicht gar der zweite vom weichen F sei, dessen Siebente ohne Vorbereitung nie eintretten darf. Erst der fünfte vom As bestimmt es, daß G sein siebenter Ton gewesen sei.

4) Der zweite schlußfallmäsige Ton in weicher Leiter erhöhet zwar die Dritte, muß aber die kleine Fünfte beibehalten.

9) Lauter Schlußfälle Fis Cis,   Fis   H
der erste, der fünfte, der fünfte, der erste.

10) Cis als der fünfte schlußfallmäsige sondert sich vom Cis dem zweiten vom weichen H durch seine grose Fünfte.

13) Die Entfernung ist zu gering, als daß andere Mittelsäze, entscheidende Schlußfälle überraschende Tonfolgen nöthig wären.

14) Der vierte Ton das Fis mit seiner kleinen Dritte kündiget die weiche Tonart Cis vorläufig an.

17) In der Tonsezkunst wird auf der 58. 59. 60. Seite die Tonfolge der Bestandtheile derselbigen Leiter festgesezt, dort kommen erstens ein Ton mit einer groser Dritte nach einem nebenliegenden Ton

mit

mit der kleinen Dritte, zweitens ein Ton mit einer grosen Fünfte nach einem nebenliegenden Ton mit der kleinen Fünfte, es wird aber der Fall des siebenten Tones mit der grosen Fünfte nach dem ersten Ton

$$\begin{array}{cc} \text{fis} & \text{g} \\ \text{d} & \text{e} \end{array}$$

z. B. des H nach dem C nur in einem Gleichen derselbigen Leiter vorgestellt, nemlich F vor E, und dieser kömmt hier vor. Es ist das Mittelding zwischen abwechselnden Säzen, die vergnügen, und einförmigen, die beleidigen. Nicht umsonst ist diese Lage mit den Tönen so sparsam und eingeschränkt.

19) Etwas frech und gleichsam sprungweise folgt hier nach dem vierten erhöhten vom weichen Fis der fünfte vom E.

22) Die Lage des sanft schmelzenden Basses, der zwei Mittelstimmen, und des natürlich- aber betrügerisch vom Zwischenklange es ins e steigenden Diskants verdient, bemerkt zu werden.

23) Der Zwischenklang beim zweiten Achtel im Alt täuscht das Gehör, daß es das D als den sechsten Ton vom weichen Fis noch annehme, und kurz darauf erklärt die Unterhaltungssiebente c die Absicht. Eigentlich kommen hier nur 3 und nicht 4 Harmonien vor: es ist ja willkührlich!

25) Die

```
           e      cis
          cis     ais
          ais    fisfis
```

25) Die Hauptklänge Fis und Dis werden hier lange nicht dieselbige Wirkung thun als

```
           e      dis
          cis     cis
          ais     ais
```

ihre Umwendungen Fis und Fisfis deswegen: so nöthig als wir zur übersehenden Harmonienkenntnis die Erforschung der Hauptklänge brauchen: so unentbehrlich ist die Geschmackslehre über die Anwendung.

26) Zwei siebente Töne Eis gis h d vom Fis und Fisfis ais cis e vom Gis zeichnen diesen Uebergang aus.

27) Diese melodische Harmonie, eine Zusammenstimmung von vier geschweiften Gesängen ist bemerkungswürdig.

31) Eine widrigscheinende — in allen Stimmen simple Wendung ist eben so kräftig wirkend, als neu diese Umwendung

```
                       cis
                       ais
                       gis
                        E
                       ───
                       gis
                        e
                       cis
    des siebenten Tones Ais
```

32) So

32) So wie Fis und H Freundstöne sind, so sind es auch deren siebente.

33) Der vierte vom C, der auch der siebente vom G scheinen dörfte, ist immer etwas frei, und hat eine vortheilhafte Lage, wie hier, nöthig.

35) Cis erscheint hier als der fünfte vom weichen Fis, bis es erst durch seinen fünften schlußfallmäsigen Besiz nimmt.

36) Die verminderte Siebente d benuzt hier ihre Freiheit, gleich der Unterhaltungssiebente, sich hinaufwärts auflösen zu;dörfen.

37) Ein vierstimmiges Gesang.

38) wie 10)

41) Willkührlich tritt hier der siebente vom harten E, mit dem zweiten vom weichen Cis zweideutig, ins Mittel.

42) Diese Ausweichung gewinnt unendlich durch das Stufenmäsige, Steigen der oberen, und Einken der unteren Stimme, da doch die äusseren Stimmen am deutlichsten ins Ohr fallen.

43) Dem vierten erhöhten vom weichen H! folgt hier der siebente vom harten F, weil jener mit dem fünften vom harten C zweideutig ist.

Ausweichungen
vom harten und weichen G in alle andere Tonarten.

Tab. II.

Die Uebergänge geschehen theils durch die Mehrdeutigkeit der siebenten Tönen unter sich, wie 2) 10) 12) 16) 20) 21) 24) 26) 28) 34) 38) 39) 42) theils durch die Zweideutigkeit des vierten erhöhten mit einem anderen schlußfallmäßigen fünften Ton, wie 1) 11) 22) 23) 29) 30) 40) 43) 44)

1) Nicht ohne Ursach wurde beim ersten Viertel die Fünfte verdoppelt, um ein d ins es steigen, das andre d ins des sinken zu lassen — zwei entscheidende Töne: der Hauptklang und die Unterhaltungssiebente.

2) Ein zusammengeschmolzener Schlußfall des siebenten Tones vom weichen Es, und fünften Tons vom weichen As, der ganz unerwartet sich einschleicht, wobei die künstliche Wendung des Tenors zu bemerken ist.

3) So liegen dem fünften Tone seine erfoderlichen Töne sehr gemächlich.

4) Diese Harmonie ist fünfstimmig; in der Umwendung ist der vierte erhöhte Ton mit seiner ver-

verminderten Dritte und Siebente nicht gewöhn-
lich. Er kömmt sonsten unter, der Gestalt $\begin{smallmatrix}gr.&6\\tl.&5\\&3\end{smallmatrix}$
vor, wo die Dritte zum Grunde liegt.

5) In einer herrlichen Wendung benutzt hier der fremdeste Ton, der siebente vom harten B den Hauptklang G im Alt, um ihn zu seiner Siebente zu verwandeln; dadurch gewinnt das B die Oberhand.

6) Dies ist jene finstere Harmonie des zweiten Tons in der weichen Leiter B, der, um einen Schlußfall zu bestreiten, mit der kleinen Fünfte die grose Dritte verbindet, und mit dem zweiten vom weichen E zweideutig wird.

7) Beim ersten Viertel ist der Alt mit dem Tenor einklängig, um sich mit mehr Vortheile beim zweiten Viertel ausbreiten zu können.

8) Das harte G ist zum weichen H sehr nah; und deswegen dieser Uebergang ohne besondere Wendung; nur das H im Grunde macht gute Wirkung; weil sonsten die Tonfolge vom G und Ais im Grunde dem Gehöre nicht angenehm wäre.

9) Nur die Unterhaltungssiebente f macht zwischen dem G als ersten und fünften Tone den Unterschied.

13) Einen

13) Einen harmonischen Gesang, oder singbare Harmonie, zu sezen ist kein geringes Verdienst. Man betrachte die zwei Bewegungen des Diskant mit dem Baß, des Alt mit dem Tenor gegen einander, und die ungewöhnliche Lage des mit dem zweiten in weicher zweideutigen siebenten Tones in harter Leiter.

14) Hier werden auch die Hauptklänge gute Wirkung thun.

15) Vielleicht ist es nur ein Lokalumstand, daß nach dem G schon der siebente vom harten Es folgen kann.

17) Auf solche Bewegung, wie gegenwärtige, zielten die Alten mit ihrer Benennung des blumigten Stils (stili floridi).

18) Der Baß ist hier sehr singend, sonst aber der Uebergang an sich gemein.

19) Da der Baß natürlich steigt, und der Tenor so erhaben sinkt, wird der Uebergang sehr edel.

25) Dies ist ein kirchenmäsiger Schlußfall, der vom vierten in den ersten Ton sich endigt.

27) Diese widrige Bewegung erhebt in jeder Absicht die Harmonie des schlußfallmäsigen fünften Tones.

31) Die grose Dritte und kleine Siebente tretten zugleich ein, als Karakteristik des fünften schlußfallmäsigen Tones.

32)

32) So nah die Verwandtschaft vom weichen G zum weichen C ist, so überraschend wird durch gegenwärtigen Mittelsaz, die Folge des vom weichen C schlußtaamäsigen fünften G.

33) Da der siebente Ton vom harten Des, das C, mit dem weichen G sehr nah verwandt ist, so gieng diese Wendung auch mit dem Hauptklange selbst an.

34) Der Leser und Hörer mag entscheiden, ob gegenwärtige Ausweichung, oder jene Tab. 8. 34) den Vorzug verdiene.

35) Die Unterhaltungssiebente, macht eine gute Wirkung in jener Umwendung, wie hier beim zweiten Viertel, wo die Fünfte des fünften Tones zum Grunde liegt.

36) Die Bewegung des Diskant und Tenors, jener betrügerische Zwischenklang C, wo man statt dem cis das des vermuthet, sind der Bemerkung würdig.

37) Die zwei Stimmen, der Diskant und Tenor, bewegen sich in die Höhe so natürlich, als der Baß in die Tiefe zurückgeht.

39) Der tückische Tenor, der hier beim zweiten Viertel gleichsam das entscheidende cis oder C im Sinne behält, und statt dessen ins fis hinaufsteigt,

steigt, vermittelt gegenwärtigen Uebergang. Uns den Lehrbegierigen Tonliebhabern zu zeigen, was die Einheit in Theilen, die Mannichfaltigkeit im Ganzen sei, kann hier der Tenor zum Muster dienen, der vor sich aus dem weichen H singt und dessen Töne bald zum weichen E gezogen werden.

41) Der mit dem zweiten vom weichen D zweideutige siebente Ton vom harten F dient hier, wo wenig Entscheidung nöthig ist, den Schlußfall zu bewirken.

Ausweichungen
vom harten und weichen Gis oder As in alle andere Tonarten.
Tab. 12.

Die Uebergänge geschehen theils durch die Mehrdeutigkeit der siebenten Tönen unter sich wie 5) 16) 22) 24) 26) 29) 39) 43), theils durch die Zweideutigkeit des vierten erhöhten mit einem andern fünften schlußfallmäßigen Ton, wie 2) 11) 12) 25) 44)

1) Ein vierstimmig singender Satz dienet hier zum Muster den Orgelschülern.

3) Eine bündige schlußfallmäßige Folge von Hauptklängen liegt zum Grunde.

4) Wo

4) Wo der Diskant in die Höhe steigt, da sinkt der Tenor, bei einer sanften Tonfolge, in die Tiefe.

6) Zu gegenwärtiger Schweifung des Gesanges dörfen nur drei Stimmen anhalten, sonst würde die widrige Bewegung des Diskant und Basses vielleicht verdunkelt.

7) Wenn eine Siebente in einer Stimme schon gelegen war, muß sie nothwendigerweise als Uebelklang auch in derselben bleiben; deswegen stünden die Hauptklänge hievon nicht wohl im Grunde, und gegenwärtige Umwendungen thun bessere Wirkung.

8) Dieser Uebergang ist sehr angenehm; denn er kömmt öfters in Tonstücken im weichen C bei der genauesten Tonseinheit selbsten vor.

9) Das Gehör vermuthet zum vierten Viertel das F aus schon erwähnten Gründen zu hören, und wird getäuscht, da das folgende harte Des den vorhergehenden Ton C zu seinem siebenten erklärt.

10) Ein anderes ist As, als die harte Tonart, und ein weit anderes As, als der schlußfallmäßige fünfte Ton vom weichen Des mit der grosen Dritte.

13) Die Unterhaltungssiebente des des fünften Tones Es von beiden Tonleitern vom As, die sich
im

im Baß aufwärts auflöset, trägt zu gegenwärtigem vierstimmigen Gesange das meiste bei.

14) Das weiche Gis hält hier schon die zwei Wohlklänge die Dritte und Fünfte zum folgenden vierten erhöhten Tone an.

15) Nur ein Lokalumstand hier bringt zwei einander sehr widersprechende Töne Gis und E nach einander an.

17) Willkührlich, und vielleicht das schmelzende Gesang der oberen Stimme zu befördern, steht der fünfte von B in der Mitte.

18) Das weiche F könnte schon nach dem As eintretten, es darf aber nicht als Hauptklang Besitz nehmen, eh ein Schlußfall vorgeht.

19) Zur Abwechslung, und um das Gehör einsweilen mit einem Uebelklange auf die Auflösung und Entwickelung begierig zu machen, steht hier eine Neunte.

20) Im weichen Cis tritt manchesmal anstatt dem Hauptttone nach dem fünften Tone Gis, der sechste Ton A ein, und dies ist hier die Gelegenheit, ins weiche Fis überzugehn.

21) Als fünfter Ton vom weichen F folgt das harte C nach dem As, und als vierter vom harten G, geht es dessen siebentem Tone Fis vor.

G   23) Eine

23) Eine bündige Tonfolge von schlußfallmäßiggeseiter Hauptklängen zeichnet sich hier aus.

27) Gis ist der fünfte Ton vom Cis, Cis der fünfte vom Fis, Fis der fünfte vom H: so fällt die Harmonie fünftenweis und unterwärts zurück.

28) Der fünfte Ton von beiden Leitern A geht vorher, ihm folgt der vierte erhöhte vom H in einer schmelzenden Lage.

30) Jede harte und weiche Leiter desselbigen Tones sondert sich um drei Stufen. So verliert hier die Tonfolge drei ben, da das weiche As sieben hatte, und wir sind dem Tone mit drei ben nah.

31) Die Entfernung ist gering, die Lage desto geschmackvoller.

32) Wenn auch dem Gis die große Dritte beitritt: so sind wir noch nicht im Cis, bis etwas eigenes, wie der vierte erhöhte Ton diese weiche Tonart näher bestimmt.

33) So wird die Harmonie vollständig, wenn auf ungewöhnliche Art, jede Stimm für sich natürlich, und der Eintracht im Ganzen dabei entsprechend, fortsingt.

34) Gegenwärtiger Schlußfall geschieht auf eine, der weichen Leiter eigene Art, durch den siebenten Ton.

35) Der

35) Der Diskant und Tenor bewegen sich hinauf in Dritten, der Alt und Baß ebenfalls, aber hinunter: hiezu trägt die Freiheit der Unterhaltungssiebente, in die Höhe zu steigen, sehr viel bei. Sie liegt im Tenor und ist des.

36) Sehr prächtig ist gegenwärtige Tonfolge; man betrachte nur die Umwendungen in der Grundstimme, und dagegen die Hauptklänge As, Es, B, Es.

37) Diese Dreizehnte dient zur feinen Aufhaltung, um nicht die Tonfolge so platt hinzuwerfen.

38) Mit hämischer Zurückhaltung verschweigt das erste Viertel den dritten Wohlklang, ob er Eis zum Hauptklange H die Fünfte abgeben, oder von Gis die Harmonie bestimmen solle. Wenn H als fünfter Ton vom weichen E betrachtet wird, kann der vierte hievon mit seiner kleinen Dritte folgen.

40) Die Elfte, die zum fünften Ton Es anhält, und zum siebenten Tone E sich auflöset, veranlaßt eine sanfte Täuschung.

41) Der unentscheidende siebente mit dem zweiten zweideutige Ton Eis, steht hier beim zweiten Viertel mit dem besten Erfolg, in der Mitte.

42) Sehr sanft schleicht der Baß durch halbe Töne, wobei der fünfte vom A und der siebente vom weichen Fis sich merklich auszeichnet.

Ausweichungen
vom harten und weichen A in alle andere Tonarten.

Tab. 13.

Die Uebergänge geschehen theils durch die Mehrdeutigkeit der siebenten Tönen unter sich, wie 2) 5) 6) 39) 43) theils durch die Zweideutigkeit des vierten erhöhten mit einem anderen fünften schlußfallmäsigen Ton, wie 12) 21) 22) 29) 33) 40) 44)

1) Eine Aufhaltung (susPENSIO) geht hier vor, da man schwerlich errathen kann, was das zweite Viertel sagen wolle.

3) Auch dieses gelassene zweite Viertel trägt zu erhabnen, zurückhaltungsvollen Ausweichungen nicht wenig bei.

4) Der vierte erhöhte Ton vom weichen H giebt die Entscheidung, da der Diskant in die Höhe steigt, und zwei ungleiche Fünften von dem Alt erhält.

7) Hier

7) Hier geht ein Schlußfall ins harte Fis, dem zweckmäßigen Uebergange vor.

8) Hier erscheint beim zweiten Viertel die Harmonie vom Dis, als zweiter Ton zum Gis.

9) Man ist eben so wenig gewohnt, gegenwärtige Tonfolge als Auflösung zu hören.

10) Die zum Grunde liegende große Siebente zum sechsten Tone B in | der Leiter des weichen D macht diese Ausweichung sehr kräftig.

11) Die weiche Tonart D, zu welcher das vorhergehende A als der fünfte Ton betrachtet wird, vermittelt diesen Uebergang.

13) Der schleichende Baß, die erhabne Tonfolge, und die gelassene Siebente zeichnen gegenwärtige Ausweichung von andern aus.

14) Der vierte Ton vom weichen E kündiget die weiche Tonart zum voraus an.

15) Die weiche Tonart D, bereitet dem siebenten vom harten F die siebente d vor, die auch frei hätte eintretten können.

16) Ein Lokalumstand mag es hier heißen, daß aus dem siebenten vom weichen D auf einmal der zweite schlußfallmäßige vom weichen F werde, um das Gesang der oberen und mittleren Stimme des Diskant und Tenors dabei in zwidriger Bewegung schmelzend angebracht ist.

17) Eine

17) Eine vierstimmige, jeder obern Stimme, wie der untern eigene Bewegung zeichnet sich hier aus.

18) Willkührlich, aber mit gutem Erfolge, geht hier der sechste vom weichen Fis, das D, dem Schlußfalle vor.

19) Das weiche A vermittelt die zwei harte Tonarten A und G, und bereitet dem siebenten Tone seine Wohlklänge vor, wie auch die gelassene kleine Siebente.

20) Der erste Ton D wird zum fünften vom weichen G, so bald der eigene schlußfallmäßige vierte Ton erscheint.

23) Ein vierstimmiges freies und ungezwungenes Gesang bringt hier die Ausweichung ins harte B.

24) Die nämliche Tonfolge, wie vorige, nur in einer anderen Lage umgemodelt, weicht jetzo ins weiche B aus.

25) Die harte Tonart D, ob sie schon nicht erscheinet, macht nur durch ihren schlußfallmäßigen fünften hier den Mittler, zwischen einem Ton ohne, und dem anderen mit fünf Kreuz.

26) Wie der Diskant in die Höhe steigt, so sinkt der Baß in die Tiefe: diese Kunstgewebe verdienten von den Orgelschülern in vielen Gestalten durch die Umwendungen versetzt, in andere Töne

Töne überseßt und überhaupt sorgfältig benuzt zu werden.

27) Der schleichende Zwischenklang fis, der vierte erhöhte Ton, ist eben so gründlich hier angebracht, als der Zwischenklang f die Unterhaltungssiebente zum fünften Tone G. Also kann so gar die Wirkung der Zwischenklänge entscheidend werden.

28) Hier tritt das B als vierter Ton vom F ein, seine grose Siebente verändert sich in die verminderte, da das B ins H steigt, und das a ins as sinkt.

30) Hier ist vielleicht nur gegenwärtige Lokalumwendung, die das Gehör in die entferntesten Töne mit der größten Leichtigkeit bringt, zu bemerken.

31) Das harte D hier, bei einer vierstimmigen widrigen Bewegung, begnügt sich mit dem siebenten Ton Cis ohne Siebente.

32) Nicht umsonst steht hier der Zwischenklang b in der Mitte, der ganz naif die weiche Tonart verräth.

34) Der unentscheidende vierte Ton vom weichen A wird zum siebenten vom weichen Es, sobald die zwei Töne, die Fünfte und Siebente, erniedriget werden.

35) Wit-

35) Willkührlich, aber um eine sanfte Aufhaltung zu bewirken, bekömmt hier der ─che fünfte Ton zuerst eine Elfte. Freilich, wenn das weiche H eintretten sollte: so wäre die Ton─── gefehlt.

36) Hier ist der weichen Tonart eige─ ─chlußfall angebracht, da der zweit─ une─── ─ende Ton vom weichen E vorausgegangen.

37) Um nicht gleich die weiche Drit─ b zu sezen, hält einsweilen die Elfte c an; denn zwei weiche Tonarten, die neben einander liegen, können einander nicht folgen, wie 35) schon bemerkt worden.

38) So gehen die kleine Dritten immer hinunter, bis wir vom weichen A unvermerkt ins weiche F gelangen.

41) Die im Grunde liegende Siebente vom siebenten Tone Fis in der harten Leiter G, ist so erhaben als selten.

42) So fliest eine Zusammenstimmung in die andere, wenn zur kleinen Dritte der weichen Tonart A auch noch die kleine Fünfte beitritt, und so mit sanftem Schritte die Tonfolge forteilet.

Aus-

Ausweichungen
vom harten und weichen B in alle andere Tonarten.
Tab. 14.

Die Uebergänge geschehen theils durch die Mehrdeutigkeit der siebenten Tönen unter sich, wie 2) 6) 8) 12) 22) 24) 38) 40) 44) theils durch die Zweideutigkeit des vierten erhöhten mit einem anderen fünften schlußfallmäsigen Ton, wie 1) 5) 11) 14) 15) 16) 17) 18) 21) 23) 25) 26) 29) 30) 36) 39) 43)

3) Fast beleidiget die frei angeschlagene Siebente des siebenten Tones; weil er mit dem zweiten zweideutig ist, dessen Siebente ohne Vorbereitung nicht eintretten darf.

4) Der zweite schlußfallmäsige, der weichen Leiter eigne Ton D mit der grosen Dritte, kleinen Fünfte und Unterhaltungssiebente zeichnet sich hier aus.

7) Wenn diese Ausweichung in einer andern Lage vorkäm: so wär sie lange nicht so schleichend wie hier, besonders, da die zwei gleiche Vierten zwischen dem Alt und Baß ganz unmerkbar entwischen, die als zwei Fünften sehr auffallend würden.

9) Auch der siebente Ton der harten Tonart kann einen Schlußfall bestreiten, besonders, wenn ein fremder Ton, wie hier dem as beitritt, daß eine allenfallsige Entschridung leistet. Man betrachte hiebei den gleichförmigen Gesang des Diskants und Tenors, des Alts und Basses, die immer in Dritten gefällig fortwandern.

10) Beim zweiten Viertel ist das F ausgezeichnet, und wird durch seine grose Dritte und kleine Fünfte zum zweiten schlußfallmäsigen Ton in der Leiter vom weichen Es bestimmt.

13) Der geläufige Gesang des Diskant und Tenors sind hier bemerkungswürdig.

19) Hier liegen die bündigsten, schlußfallmäsig versetzten Hauptklänge im Grunde.

20) B als der erste wird durch den Zutritt der kleinen Fünfte fes zum schlußfallmäsigen zweiten Ton vom weichen As.

27) Eine gelinde Tonfolge, die zur Vereinigung zweier nah verwandten Harmonien hinreicht.

28) Der schlußfallmäsige vierte erhöhte Ton vermittelt gegenwärtige Ausweichung.

31) Die Harmonie wächst nebst der ausgebreitetsten Vollständigkeit des fünften Tones auch noch dadurch, daß die Bewegung das Feld erweitere, da

da der Diskant in die Höhe steigt, und eben so natürlich der Baß in die Tiefe sinkt.

32) Die widrige Bewegung zwischen dem Alt und Baß zeichnet sich hier aus.

33) Die geselligmelodische Mittelstimmen, die Abwesenheit der Fünfte bei beiden Gränztönen, die Zwischenklänge, besonders das h, geben Stoff zum Nachdenken.

34) Die finstere undeutliche Harmonie, worin eine grose Dritte mit einer kleinen Fünfte verbunden wird, liegt in der Mitte; dieser zweite Ton vom weichen E, c e Fis ais ist mit dem zweiten Ton vom weichen B, C e ges b zweideutig.

35) So einfach dieser Baß ist: so mannichfaltig wird die abwechselnde Tonfolge durch ihn — Simplicität in einzeln Theilen, Mannichfaltigkeit im Ganzen sind die erfoderliche Eigenschaften einer Tonsetzung.

37) Die obern Stimmen singen sehr sanft; während dem der Tenor hiezu gleichsam neutral bleibt.

41) Gegenwärtigen Baß ist man gewohnt, folgendermasen beziffert zu sehen F $\overset{6}{\underset{}{G}}$ $\overset{3}{\underset{}{}}$ $\overset{5}{\underset{}{As}}$ die Harmonie des siebenten Tones wird noch zu sehr mißkennt, so erhaben ihre Wirkung auch ist.

42) Schmel-

42) Schmelzend gelangen wir hier vom weichen B in den fünften Ton Es.

Nacherinnerungen.

Ob auch die Zwischenklänge entscheiden können,

eine neue und paradoxe Frage muß mit Ja beantwortet werden.

Die Beschaffenheit der Tonleiter liegt so tief in der Natur, ihre Bestandtheile sind so harmonisch zusammenhängend, daß sogar, wenn man drei Wohlklänge zu einer Zusammenstimmung wählet, auch diejenigen Töne, die die Lücken ausfüllen, d. i. die Zwischenklänge bedeutend werden können. Obige Mehrdeutigkeit haftete vorzüglich auf die vier schlußfallmäsigen entscheidenden Töne, den fünften von beiden Leitern, dann von der weichen Tonart auf den erhöhten siebenten, erhöhten vierten und zweiten Ton. Bei jener Mehrdeutigkeit der übermäsigen Fünfte Tab. II. fig. 8. finden keine Zwischenklänge statt; weil diese Fünfte als Uebelklang behandelt wird.

Der

Der fünfte Ton kann durch seinen einzigen Zwischenklang, nemlich der Dritte vom Hauptklang seine Bestimmung erhalten: so wissen wir, wenn wir

Hauptkl. 3 . 5 7
 G a h c d e f hören, daß es im harten C
    Zwkl. Zwkl. Zwkl.

Hauptkl. 3   5   6
 G a h c d es f hören, daß es im weichen
   Zwkl. Zwkl. Zwkl.   C sei.

Die Bedeutung aber der Zwischenklänge beim siebenten, vierten und zweiten Ton ist merkwürdiger: jede mögliche Bedeutung ist in der geflochenen Tab. XVI. f. 23. 24. 25. enthalten, wie die hieher gehörige gedruckte Liste erläuteret.

Hier liegt nun das ganze musikalische System vor Augen, an Fingern abgezählt erblicken wir in ihren eigenen Fächern tabellarische Summen — so viel giebt's und keine mehr — hier steht der Nachgrübler still und sagt: non plus ultra. Wer nun das Schulbuch und dessen ausführliche Erklärung in dieser Summe der Harmonik wohl überdacht hat, kann von keiner Tonfolge mehr betrogen werden; er weiß nun alle Umwendungen auf ihre Stammharmonie zu reduciren, alle Ausweichungen ihrem Hauptton zu unterordnen, und das heißt doch endlich einmal: Tonwissenschaft: Wissenschaft

schaft der Töne! Es wird niemand diesen dreisten Ton tadeln, noch bei dergleichen Umständen mehr Bescheidenheit verlangen. Nein! Es gilt die Aufklärung ganzer Nationen, und hiezu schickt sich kein galanter Ton. Das unbillige Verhalten anderer Tongelehrten, die auf keine Bitte beitretten, nicht helfen wollten, einen harmonischen Bau aufzurichten, die still saßen, und mich allein unter der drückenden Last schwizen ließen: die menschenfeindliche Rezension des Berliner Pasquillanten, die alle meine patriotische zum Besten der Menschheit mühsam ausgedachte Entwürfe, mit grosen Kösten gesammelte Kenntnisse in ihrer ersten Geburt erstikken wollten — waren die Ursache einer allgemeinen Auffoderung.

Der Nuzen gegenwärtiger Summe der Harmonik erstreckt sich nicht nur allein auf die Liebhaber der musikalischen Sezkunst, sondern 1) auf die notenunkundigen Gönner der Musik, und erzielet 2) die Vervollkommnung der accompagnirenden, ja die Erleichterung der Clavierspielenden Damen.

Daß die Kenntniß der Harmonie Gönnern der Musik, wenn sie schon keine Noten verstehen, nur der Wirkung nach, z. B. als entscheidende, unentscheidende Schlußfälle, als mehrdeutige Wendungen vorgetragen, sehr nüzlich sei, ungemein viel

Licht

Licht und Aufklärung verbreite — habe ich hundert überzeugende Proben bei meinen öffentlichen Vorlesungen auf Reisen erfahren.

Daß aber die Liebhaberinnen vom Accompagniren nicht nur, sondern auch diejenige, die nur Clavier spielen, Nutzen davon haben sollen, will ich nun auch zeigen.

Ihnen also,
meine Damen,
sei folgende Erklärung gewiedmet. Besorgen Sie sich keine fade Lobsprüche, solche Aufmunterungen, die auf eine Stunde den nagenden Wurm des Selbstgefühls tödten, und dann immer die marternden Bisse zurücklassen, daß man nichts weiß, Trotz aller Schmeicheleien so wenig im Accompagniren als Notenlesen könne vorankommen.

Was ist jetziger Zeit die Hauptlehre, wenn man eine Dame im Accompagniren unterrichtet, daß man 1) Regeln bringt, die nichts heisen, 2) Beispiele vorschreibt, die nicht allgemein sind, 3) Quinten und Oktaven aufsucht, und die Zeit verdirbt; 4) Harmonienkenntniß verabsäumt, eine Prise Tabak mit caffektirtem Anstande schnupft, und dann — kömmt die Dame mit einer mühsamen Uebung, die mehr Schweiß kostet als Marmor

schnei-

ſchneiden, ſo weit, daß ſie im Accompagniren ſich
durchlügt, (die Zuhörer werden doch nicht all das
falſche Zeug bemerkt haben). So muß ſie ihrem Bei-
ſtande nebſt dem Tribute von vielen Jahren noch
Dank wiſſen, nur ihre abgematteten Augen und
halbgelähmten Finger ſpühren, wie wenig ohne
Siſteme erzwungen werden könne.

1) Alle Regeln vom pedantiſchen Generalbaſſe ſind
unrichtig: da die vorgeſchriebene Bezifferung der
Leiter, wie in der Tonſchule gezeigt und wider-
legt worden, nie, in keiner Muſik vorkömmt,
da die angegebenen Nebenziffern nicht immer dazu gegriffen werden dörfen. Alſo giebt es keine
Regeln — nein, und dieſe Regeln, die den Schüler aufhalten, müſſen um ſo mehr verbannt werden, als man dadurch zurückgeht, das allgemeine Feld der Combinationen nicht ſieht, viel-
weniger durchſtreichet, und ſich in eine Nußſchale
einſchließet. Die erſte Regel fürs Accompagnement iſt dieſe, daß es nur drei Wohlklänge, aber
immer einen Dreiklang gebe, der ſeine 3 und 5
bekömmt.

Die zweite Regel iſt, daß es vier Uebelklänge
gebe, die immer nach dem nämlichen Geſeze behandelt werden müſſen, ſie mögen in der Höhe
oder Tiefe liegen. Die dritte Regel iſt, daß alle
Accor-

Accorden, die nicht 3, 5 haben, als Umwendungen bis zu ihrer Stammharmonie reduciret werden müssen, und daß nur der gefundene Hauptklang mit 3 und 5 bestimmen könne, was wohl oder übel klinge. Will nun der Lehrmeister seinen Beutel füllen, und den Hirnkasten seiner Schülerin leer lassen: so sagt er nichts von diesen drei so bündigen, so einleuchtenden Grundsäzen. Er läßt sie nur Regeln wissen, die Beobachtungen, aber einseitige Bemerkungen sind, jezo zutreffen, und dann irre führen. Ja, wenn sie solche Grundsäze überdächte: so könnte sie freilich in kurzer Zeit weit kommen. Sie muß also glauben, daß soviel sie Harmonien spiele, so viel neue es gebe, — nicht, daß sich alle auf eine beziehen und hievon abstammen.

2) Man braucht keine Beispiele vorzuschreiben, sondern man findet sie in jedem vorliegenden Stück, da lasse man die Schülerin untersuchen, in welchem Tone wir seien, und was sonsten vorgehe.

3) Fehlerhafte Fünften und Achten in denselbigen Stimmen sind freilich dem Gehöre unangenehm, aber hauptsächlich sind das Regeln für die Lage, nicht für die Harmonie. Nun, die Schülerin weiß noch nichts von der Folge der Harmonie,

von

von der Tonfolge, von Schlußfällen, von der Ausweichung, und soll auf die Lage Acht geben, und dieser Umstand ist dazu so zufällig, so uneigentlich angebracht, daß man lieber davon schweigen sollte; denn, zu was dient das Clavier im Accompagniren, als die ganze Harmonie anzugeben. — also Harmonie und nicht Melodie — und doch so streng auf die Lage?

4) Die Harmonienkenntniß wird verabsäumt. Diese muß gründlich und deutlich beigebracht werden; so gründlich, daß vernünftige erwachsene Leute sich davon überzeugen; so deutlich, daß es Kinder von 8 Jahren fassen können, besonders, wenn man sie an der Hand leitet, den Weg selbst zu finden.

Was ist gründlicher, was ist deutlicher, als der Lehrsaz. Es gibt 3 Wohl- und 4 Uebelklänge, alle Säze, die nicht 3 und 5 haben, sind Umwendungen: Beispiele her: C   g 5 das ist ein Drei-
            e 3
            f 7
            d 5
klang, C hat seine Dritte e, seine Fünfte g. h 3
            G
das ist eine wesentlich vierstimmige Harmonie, also
nebst

nebst dem Dreiklang steht noch ein Ton dabei, der kein Wohlklang mehr sein kann, und dieser ist die Siebente f, die zwar unterhält, aber nicht befriediget, und daher aufgelöset werden muß.

Würde nun H, oder D, oder gar F im Grunde liegen: so entstünd zwar eine andere Bezifferung, aber die Harmonie blieb doch immer dieselbige.

Nun folgt die Lehre von Auflösungen, von der Tonfolge, von Schlußfällen, von Ausweichungen.

Der Lehrmeister muß der Schülerin helfen, alle Umwendungen selbst finden, selbst beziffern, alle Uebelklänge in allen Umwendungen auflösen, die Folge der Töne mit ihren Umwendungen durchgehen, die Schlußfälle einsehen, die Ausweichungen durch die Schlußfälle bestimmen.

Dies ist der richtigste Weg, der geradeste und der kürzeste. Acht Tag soll die Schülerin von Wohl- und Uebelklängen Umwendungen schreiben, wie Tab. XIX im Schulbuch, sie beziffern, letztere auflösen, und am Claviere spielen.

Acht Tag soll die Schülerin sich beschäftigen, alle Tonfolgen und Schlußfälle niederzuschreiben und zu spielen.

Vierzehn Tag soll die Schülerin die Ausweichungen durchgehen, die Schlußfälle angeben, ihre

Urſach beſtimmen, und ſie am Claviere ſpielen lernen.

Das iſt nun eine Vorbereitung von einem einzigen Monat, dann ſoll ſie anfangen, alle mögliche Arien aus der Partitur, wo keine Ziffer ſtehen, zu beziffern und zu accompagniren, wie leicht wird es nun ihr fallen, den Ton zu beſtimmen, wo wir ſind, die Urſach der Ausweichung anzugeben, und alle fremde Vorzeichnung, die ſonſt ſtuzen macht, gleich zu überſehen. Dieſes Studium von einem Monate aber iſt zugleich die Erleichterung des Notenleſens auf ewig. Wenn eine Dame weiß, daß der erſte Theil eines Stücks in dieſen Ton ſchließen, dorthin fallen muß, daß dieſe und keine andere Ausweichung vorkommen dörfen, wie leicht wird ſich nicht dasjenige, was man nicht überſehen kann, errathen laſſen?

Sind Sie nun, meine Damen, einmal ſo weit im Accompagniren gekommen, daß Sie in monotoniſchen Arien ungehindert fortmachen können, und iſt es Ihnen um das feine Accompagnement zu thun, ſoll Ihre Begleitung einen weſentlich vierſtimmigen Saz vorſtellen: ſo nehmen Sie in der Verbeſſerung des ſtabat Mater den bezifferten Baß vor, betrachten ihn, und überlegen, wie ſie dieſe Ziffer in Noten legen wollten, und vergleichen

gleichen dann die obere Zeile, wo dieses schon geschehen, mit ihrem Entwurfe, und Sie werden es in kurzer Zeit sehr weit bringen: Sie werden hierdurch meinen warmen Patriotismus und unermüdeten Hang zur Gemeinnützigkeit kennen lernen, daß ich in einen Monat Kenntnisse suche beizubringen, die mir eine Arbeit von 20 Jahren gekostet haben!

Ihnen muß Ihrentwegen um die Aufklärung zu thun sein, und wenn schon ein ganzes Heer von gewinnsüchtigen Miethlingen, von boshaften Neidern, von eigensinnigen Anhängern alter Vorurtheilen gegen meine Reformation zu Felde ziehet, mein Sistem, Clavier, vielleicht auch meine Strümpfe antastet, das heißt, Lehr- Spiel- Lebensart u. d. m. lächerlich zu machen suchet: so werden Sie doch mir willig zugestehen: Sie haben erst durch diese monatliche Anstrengung im harmonischen Reiche **denken und spielen** gelernt.

Betrachtungen der Mannheimer Tonschule.

Dritten Jahrganges
zweite und dritte Lieferung
für den
15.
Heu, und Aerndtemonat 1780.

Gegenstände der Betrachtungen:

Eine Claviersonate von Herrn Weber.

Eine deutsche Arie aus Erwin und Elmir des Herrn Göthe von Herrn Verazi in Mannheim.

Sechs Variationen fürs Clavier von Herrn Enßlin in Wetzlar.

Der Psalm Miserere von vier Singstimmen, mit Orgel und Pässen,
dem
Römischen Pabsten
zugeeignet,
vom
Mannheimer Tonlehrer.

Wer die willkührliche Begleitung von Instrumenten dazu verlangt, kann sie um einen Gulden geschriebener erhalten.

Erklärung
des
Voglerischen wesentlich vierstimmigen Sazes
vom Psalmen
Miserere.

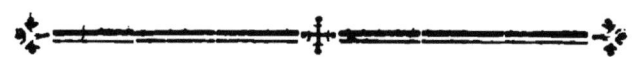

Die Musik mit Singstimmen ist die älteste, reineste und erhabenste. So wie der Mensch anfieng Gott zu loben: so stimmte sich die Kehle schon in lauter harmonische Aeusserungen, und selbst der liebliche wohltönende Gesang der Vögeln mußte ja den Menschen zur Musik ermuntern.

Die Musik mit Singstimmen ist diejenige, die alle äussere Zierlichkeiten und Verbrämungen ausschließet, und daher ihre erste Unschuld immer unverletzt erhält. Schon zwei hundert Jahre singt man alltäglich in der Päbstlichen Kapelle zu Rom jene einfachen Säze, und ihr Eindruck bleibt immer der nämliche; weil kein flatterhafter Modeton hierauf Anspruch machen kann.

J   Die

Die Musik mit Singstimmen leidet auch nichts niedriges; sie quillt aus der Seele, nimmt den Declamateur ganz ein, und trägt ewige schauerliche Wahrheiten vor, die das Herz in die Höhe zum Schöpfer — zum allgewaltigen Schöpfer erheben.

Diese älteste im Ursprunge, reineste wegen der Behandlung, erhabenste vom Gegenstande, diese Musik mit Singstimmen wird bei uns Deutschen leider vernachläßiget. Weniger Sänger als in Welschlande haben wir, mehr Liebhaber vom instrumentalischen Saze finden sich vor, und selten wird ein Tonsezer bei uns, da es ihm an Mustern zum bilden, an Praktik im hören fehlt, den ächten lautern unverfälschten Saz von vier wesentlichen Singstimmen lernen.

Das aufbrausende im Orchester, das feurige Zeitmas im Vortrage, das abgestoßene auf den Instrumenten ist uns zu geläufig geworden, und damit verlieret man das wesentliche sowohl der Kirchenmusik, als des Singstimmensazes.

Daß diese Kunst bei uns noch nicht verlohren gegangen sei, haben wir hier einen sprechenden

ihenden Beweis am Voglerischen Miserere mit
vier Singstimmen und Bässen.

Die Bässe sind deswegen dazu gesezt; weil es
in der Fastenzeit und nicht in der Charwoche
aufgeführet worden, wo man noch die Orgeln
brauchet: auch das beigefügte Gloria patri, das
die lezte Woche nicht mehr gesprochen wird, und
in den zwei Römischen Miserere von Allegri
und Baji ausgelassen ist, bestättiget obige Ursache.

Die Bässe thun immer bei dergleichen Sing-
stücken, wo man sie haben kann, besonders bei
etwas längeren Stücken, gute Wirkung, und
sie sind fast unentbehrlich; weil sonsten die Sänger im Tone sinken und fallen, und im ganzen
eine häßliche Mißstimmung erduldet werden
muß, wovon thätige Beispiele aufzuweisen sind.
Durch den Beitritt bündiger Grundtöne werden die Singstimmen kräftig unterstüzet, die
Orgel erhält sie im Geleise, und so wird der
Vortrag sicherer, und die Wirkung stärker.

Daß zum gegenwärtigen Bußpsalmen keine
weiche, sondern eine harte Tonart ist gewählet
worden, möchte vielleicht manchem auffallen;
allein es geschah 1) weil die Fuge das End mit

den Worten Gloria, sicut &c. eigentlich im harten C sich aufhalten sollten, und der Anfang am füglichsten aus demselbigen Tone geht; 2) weil ein gesezter solider andächtiger Vortrag auch in der munteren harten Tonart eine Bitte bekleiden darf; unter Miserere mei Deus und Kyrie eleison, welche beide auf deutsch: Gott, der Herr erbarme dich meiner oder unser, heisen, ist kein gar großer Unterschied; und wie wenige Kyrie haben weiche Tonarten; wie selten aber erscheinet noch eines in einem gesezten Zeitmase, hüpfen sie nicht alle, oder doch die meisten? — Man betrachte hier den Eingang, wo die zwei Solostimmen Alt und Tenor im rührenden Dialekt die Anfangsworte der Bitte so eindringend vortragen.

Der Diskant und Baß in Zehnten nehmen dem Alt und Tenor, die bisher in Dritten daherwanderten, die Worte secundum magnam &c. ab, dann tretten Alt und Tenor in Sechsten ein: & secundum &c., verschiedene Abwechslungen lassen uns das Wort dele öfter und immer kräftiger vernehmen, bis endlich alle Singstimmen diese Bitte mit der deutlichen Ausdehnung

nung dele iniquitatem &c. beſtättigen, und im ſanften Tone G ſchließen.

Nun geſellen ſich auch die Chorſänger Voci ripiene beim Worte amplius, noch mehr zu den Hauptſängern Voci concerte oder concertanti, welches durch die Beiſchrift Tutti angedeutet wird. Dieſe ſind die Soloſtimmen, Sänger, die allein niedlich und ſchön vorzutragen wiſſen, unter jenen aber verſteht man das ganze Heer von Sängern, die zur Ausfüllung dienen.

Einem Soloſänger wird mehr Freiheit geſtattet, auch willkührliche etwelche Zuſäze, wenn ſie nur dem harmoniſchen Siſteme nicht ſchaden, zu machen; der Meiſter erlaubt ihm kleine Verziehungen, das Tragen der Stimme muß ſein Hauptgegenſtand ſein, und die hiedurch allein zu erzielende Vereinigung der Töne.

So wie man von Soloſängern eine harmoniſch ſimpathiſirende Willkühr im Vortrage verlanget: ſo fodert man aufs ſtrengſte von Ripienſängern einen blinden Gehorſam, eine pünktliche Befolgung der Vorſchrift, und eine deutliche augenfällige offenkündige Bemerkung des Zeitmaßes, (il tempo fia marcato) ſtatt daß der Concertirende manchesmal ein dem Schein nach verzogenes verzögertes, Bangigkeit athmendes zurückhaltendes Gesang mit Geschmack zur allgemeinen Rührung der Zuhörer anbringen darf.

Der Chor weicht bei den Worten ab iniquitate vermittelst der weichen Dritte f von D, wodurch dieser vorher schlußfallmäßige fünfte Ton in der Leiter G, zum vierten vom weichen A wird, in das weiche A aus; und der Schlußfall dieses Periodes mit dem Worte mea geschieht vom ersten Tone A in seinen schlußfallmäßigen E mit großer Dritte gis.

Bei den Worten & a peccato meo kömmt das Thema im weichen A vor, und die hohe Stimmen Diskant und Alt singen in Dritten. Bei den Worten Quoniam iniquitatem tritt der Chor wieder ein, wie vorher beim Worte Amplius, nur um einen Ton höher. Et peccatum meum contra, hier behaupten die äussere Stimmen, nämlich der Baß und Diskant, eine widrige Bewegung, und die mittlere Stimmen Alt und Tenor halten aus. Die Tonfolge nimmt ihren Weg ins weiche E, und auch dort erscheinet das Thema von den Solostimmen: Tibi soli.

Wer

Wer sich einen deutlichen Begriff vom Ausführen erwerben will, muß dieses erste Versett, seinen schleichenden Gang, die hierinn öfters vorkommende dem Scheine nach Wiederholungen, im Grunde aber verschiedentlich angebrachte Anwendungen derselbigen Säze genau betrachten. Tibi soli sagt im weichen E was Miserere mei im harten C war; & malum ist die Wiederholung von dem Gesange, worunter die Worte secundum magnam oben gelegt worden, nur mit dem Unterschiede, daß der Period hier im fünften Tone G gleich abbricht, und nicht erst wie oben in den fünften vom G ausweicht. Dieses geschah aber, damit jezo die Worte & justificeris dem Diskant und Alt in Mund gelegt, jenes Gesang im C erhalten konnten, was vorher Alt und Tenor im G mit dem Texte & secundum vorgetragen hatten. Es erscheint kaum im C: so wird es schon um 5 Töne tiefer und ins F gebracht. Hiedurch aber gewinnt der Ausdruck & vincas und zugleich die Mannigfaltigkeit der Ausweichung; denn nun bekommen wir das Thema auch im F zu hören, bei den Worten Ecce enim. Vom harten F nimmt hier die Ausweichung den graden Weg durchs

weiche D und weiche A, um ins harte C wieder zurückzukommen. Der Eintritt des Thema, ob er schon das nämliche sagt, wie beim Miserere mei, scheinet dem Ohr neu, weil er so unerwartet bewerkstelligt worden: die Tuttisänger (wie man sie insgemein nennet) sagen mater mea, unterdessen halten die Solosänger die Silbe ma aus, und der cadenzmäßig gesezte Baß
A E F Fis C G $\overset{6}{\underset{4}{}}$ 7 7 $\overset{6}{\underset{4}{}}$ $\overset{5}{\underset{3}{}}$ leitet die Tonfolge wieder ins C. Die Wiederholung des Thema bleibt keine trockne ängstliche Wiederholung; denn bei den Worten & occulta entwischt die Tonfolge schon wieder ins F, hält sich aber hierin nicht lang auf. Asperges me, und das folgende die Uebersezung ins C von demjenigen Gesange, das die Worte & secundum und die folgenden im G vorgetragen hatte.

Oben dele iniquitatem gr. $\overset{6}{\underset{3}{4}}$ $_5$, hier & super nivem $\overset{6}{\underset{2}{4}}$ $\overset{6}{\underset{4}{}}$ C H / A G ist die Harmonie sehr neu, aber desto gründlicher, und nur demjenigen einleuchtend, der die Wirkung des siebenten Tones der Leiter, d. i. 7 Töne der Leiter kennet, die leider bis jezo, wenigstens in der Ausübung und An-

Anwendung auf die meisten Umwendungen noch unbekannt sind.

Vom zweiten Versett.

Ob der Gegenstand munter oder nicht munter sein dörfe, weil es nicht das sondern dabis gaudium heißt, das ist, weil die Freude erst zukünftig, und vielleicht nach der Auferstehung erst erfolgen soll, wollen wir uns nicht zu tief in exegetische Streitigkeiten einlassen: genug ist, daß muntere und sanfte Ausdrücke vorkommen. Eigentlich herrscht hier eine zweifache Gattung des laufenden Basses, die eine ist gelind, schleifend; die andere ist rauh und abgestoßen.

Die erste kömmt folgenden Sinnen:
Auditui meo dabis gaudium & lætitiam, & exultabunt ossa humiliata.

Omnes iniquitates meas dele.

Redde mihi lætitiam salutaris tui, & spiritu principali confirma me.

Die andere folgenden zu:
Averte faciem tuam a peccatis meis.

Ne projicias me a facie tua & spiritum sanctum tuum ne auferas a me.

Die Worte Cor mundum haben auch einen sanften und den allersanftesten Gang, er zeichnet sich aber von beiden Karakteren aus, und nur durch das legato kömmt er mit der Schilderung vom Auditui &c. Redde mihi überein. Die Fagotte halten aus, und die Violonzelle arpeggiren ganz leis, die Contrabässe klempern, und die Orgel giebt meistens die Hauptklänge dazu an.

Ueberhaupt vereinigen sich die contrastirendsten Karakteristiken in demselbigen Versette, und diese Aufgabe ist keine von den leichten; denn entweder verlieret die Schilderung, oder das ganze wird zu bunt, zu oft im Geleise unterbrochen, und unzusammenhängend.

Ein tiefsinniger Liebhaber vom bündigen Ausdrucke betrachte hier die Folge von unruhig wechslenden Harmonien bei den Worten spiritum sanctum tuum ne auferas a me, zum sanften, gesezten Harmoniengang, der das vorige Gesang, die vorige Bewegung von dabis lætitiam (du wirst die Fröhlichkeit geben) bei dem Redde lætitiam (gieb die Fröhlichkeit wieder) auf

auf eine eigene, dem Ausdruck äußerst entsprechende Art wiederholet.

Vom dritten Versett.

Schon im vorigen Versett bewegte sich der Baß, hier aber haben wir das ächte Muster von Basso continuo, und wenn man Basso die Grundstimme mit Passo den Schritt (Bewegung) nicht vermischen will: so deutet hier Passo ostinato eine halsstärrige stäte unveränderliche Bewegung an, die dem Sisteme der vier Singstimmen Fuga d'imitazione, einer Fuge von Nachahmungen sehr gut zu statten kömmt. Eine jede Fuge ahmet nach, aber es ist zwischen freien und gebundenen Nachahmungen ein großer Unterschied. Die freie äußern sich nur melodisch; die gebundenen aber müssen in der Harmonie und Melodie, so viel als möglich ist, zutreffen. Ein Saz, der z. B. aus dem C in einer Stimme vorkömmt, kann um einen Ton höher in der Zweite, um zwei Töne höher in der Dritte, um so viele Töne auch tiefer u. s. w, von einer andern nachgeahmet werden, diese Nachahmungen machen aber noch keine strenge Fuge aus, die den einzigen

und

und eigenen Bezug des Vortrages und der Antwort in doppelter Rücksicht auf Harmonie und Melodie genau untersuchet, dann erst ihre Nachahmungen diesen zu Folge einrichtet. Dieser Unterschied äußert sich am allerdeutlichsten und, wenn man sagen darf, hauptsächlich zwischen diesem Versett, das in tempo fugato geschrieben, und zwischen dem Ende semper & in sæcula einer eigentlichen Fuge.

Der Baß fängt im weichen E an, der Tenor antwortet dem Scheine nach, allein wenn man dem Grunde nachspüret: so entdecket sich die Unrichtigkeit der miteinander verglichenen Hauptklänge; weil die Baßstimme die Harmonie vom ersten Tone gehabt, und die Tenorstimme anstatt dem relativen fünften Tone einen Takt einzuräumen, gar zwei Hauptklänge in einem Schlage zuläßt, nämlich E den ersten und H den fünften. Diese Freiheit nimmt man noch deutlicher beim Eintritte der dritten Stimme wahr; denn diese fängt gar mit einem halben Schlage an.

Beide Fugen oder besser beide Sezarten haben ihre Verdienste: das bündige der strengen immer

mer obwaltenden Verhältnissen überzeugt eindrucksvoller, und das freie einer doch gewissermaßen immer bezugvollen Nachahmung überraſcht und täuſchet glücklicher. Die Bindung, die nur einfach bei den Worten vias tuas im Baß und Tenor vorgekommen war, erſcheinet nun ſchon doppelt bei dem Worte convertentur. Hiedurch geſchiehet die Ausweichung ins harte G. Der Diskant trägt den Hauptſaz in dieſem Tone vor, der Alt antwortet im D, und durch den vorigen Saz, der auf dem Worte convertentur ruhte, und jezo mit dem Worte libera, vermittels verſchiedener Nachahmungen, alle vier Stimmen wechſelweis einnimmt, gelangen wir ins weiche H zu einer wahren und kräftigen widrigen Bewegung zwiſchen dem Diskant und Alt, dann zwiſchen dem Tenor und dem Baß.

Nachdem ein förmlicher Schluß der erſten Hälfte dieſes Verſetts von allen vier Singſtimmen im fünften zum Haupttone E, nämlich im H erfolgt war: ſo verirret ſich faſt der Tenor ins harte A, einen um 2 Stufen vom weichen E und daher zu weit entfernten Ton; iſt es ein

Fehler:

Fehler: so lernt ein Schüler daraus, ihn zu vermeiden; sonsten aber bestättiget die Folge der Nachahmungen, daß diese Verirrung sehr verbedächtlich geschehen, um unvermerkt, und dem Gehör desto willkommner wieder auf den rechten Weg zu kommen. Die übrigen Nachahmungen und die ganze Ausführung sind dem ersten Anblicke übersehbar.

Das Ende, das wieder die widrige Bewegung wie oben zum Vorscheine bringt, zeichnet sich durch seine Kraft im Ausdrucke hier vorzüglich aus. Das zwischen der Wiederholung so feierlich und öfters angebrachte forte beim Worte non, non, non delectaberis ist von seltener Wirkung.

Ueberhaupt scheint hier der laufende Bäß im ganzen Versette desto leichter im Saze zu sein, als fliesender er sich fortbewegt. Nur Leute, die selbst Versuche angestellt, und von eigener Erfahrung erschröckt worden, kennen den Werth solcher Einfachheiten der tiefen ungekannten unerschöpflichen Natur.

Von

Vom vierten Versett.

Dies ist die Folge einer überdachten — sistematisch überdachten Anlage, daß ein jedes Versett einen vortheilhaften, einen eigenen Ton bekömmt, und jeder gewählte Ton mit dem ersten und Hauptione in genauer Verwandtschaft steht. Dieser Psalm ist aus dem C, und keiner als die Töne der Leiter sind die Haupttöne einzeler Versetten.

Das erste und lezte Versett sind aus dem C; das zweite ist aus dem G; das fünfte aus dem F, diese beiden Töne stehen nicht gut neben einander, und sind daher sehr glücklich vermittelt, weil das dritte Versett aus dem weichen E, und das vierte aus dem weichen A gehet; das weiche E ist zum harten G, zum harten F das weiche A näher.

Sehr andächtig aber bedeutend wächst die Stimme beim angehaltenen Worte Sacrificium das Opfer. Die feine Singart der Diskant-Solostimme beim Worte contribulatus gleichet jenem durch Ueberlieferung in Rom fortgepflanzten herrlichen Vortrage, und die Wirkung wird

hiedurch

hiedurch noch mehr erhöhet, daß die Chorsänger auch allmälig sich beigesellen, und die rührenden Worte in dem Augenblicke aussprechen, da die Solostimmen kläglich aushalten.

Cor contritum ein zerknirschtes Herz wird durch lauter Herzstöße von den Bässen und der starken weit auseinander aber verhältnißmäßig liegenden Harmonie der Singstimmen lebhaft geschildert. Darum täuscht auch die Folge von der B Harmonie bei den Worten & humiliatum, ein gedemüthigtes Herz: von neuem lebt aber die Harmonie auf, da der Alt das a vom Worte humiliatum so bang aushält, und die anderen zwei oder drei so zuversichtlich rufen, non, non, Deus non despicies (du wirst es, Gott, nicht verschmähen) und mit der Wahl angebrachte Eintritt der Solostimmen gleichsam der Vorbittern, nach dem auf die göttliche Barmherzigkeit losstürmenden Schwarm von Chorsängern verdient bemerkt zu werden.

Vom fünften Versett.

Benigne fac Domine sei gütig o Herr 2c. Hier wird nach einem starken Anfalle Gott von den
Kindern

Kindern Israel an seine unendliche Güte in sehr gefälligem naifen Tone erinneret. Sehr deutlich, niedlich abgestuzt, sehr bedeutend kömmt hier das Thema, der versus intercalaris, der rondomäßige Sa̗z öfters vom Chore wieder, da unterdessen die Solostimmen manche analoge Versette gesprochen haben.

Dieser Rondo also Benigne hat einen Takt im F, den andern im weichen D und die letzten zwei machen einen Schlußfall im F vermittels der Hauptklängen B F C F: dieser obige so niedliche Sa̗z einen Takt lang im F, einen Takt lang im weichen D, giebt Gelegenheit zur Ausführung, Ausweichung und zur glücklichen Vereinigung der Mannichfaltigkeit mit der Einheit. Idem & varium.

Das erstemal ist das Thema im harten F und weichen D; das zweitemal im harten C und weichen A; das drittemal im harten B und weichen G; das viertemal zwei Täkte lang im weichen D; das fünfte und sechstemal im harten F und weichen D: das weiche D, der verwandetste Ton nimmt sich also vor den andern und weniger

K ver-

verwandten Tönen etwas heraus; denn es kömmt öfter zum Vorscheine. Hier sieht man, wie von einer bündig gesezten Musik nur der Plan auf dem Papier schon schön stehe, und daß das lateinische Sprichwort, troz allen Naturalisten, sich bestättige: facti sumus numero, pondere & mensura.

Vom Gloria Patri.

Sehr frech fällt hier das mit dem F sehr kontrastirende G, freilich als fünfter Ton vom C ein, bei den Worten Gloria Patri. Der erste Period schließt mit dem vierten erhöhten in fünften, der zweite in den ersten. Der neunte, zehnte und elfte Schlag, drei weiche Tonarten E, A, D, sind von seltner Wirkung. Ueberhaupt herrscht viel Pracht in den wenigen Takten.

Von der Fuge.

Statt daß man den langen Sinn von sicut erat bis amen zur Fuge wählt, wo dem Zuhörer schon bange wird, eh die zweite Stimme noch eingetreten ist: so nimmt hier die Fuge nur einen

Kindern Israel an seine unendliche Güte in sehr gefälligem naifen Tone erinneret. Sehr deutlich, niedlich abgestuzt, sehr bedeutend kömmt hier das Thema, der versus intercalaris, der rondomäßige Saz öfters vom Chore wieder, da unterdessen die Solostimmen manche analoge Versette gesprochen haben.

Dieser Rondo also Benigne hat einen Takt im F, den andern im weichen D und die lezten zwei machen einen Schlußfall im F vermitelst der Hauptklängen B F C F: dieser obige so niedliche Saz einen Takt lang im F, einen Takt lang im weichen D, giebt Gelegenheit zur Ausführung, Ausweichung und zur glücklichen Vereinigung der Mannichfaltigkeit mit der Einheit. Idem & varium.

Das erstemal ist das Thema im harten F und weichen D; das zweitemal im harten C und weichen A; das drittemal im harten B und weichen G; das viertemal zwei Täkte lang im weichen D; das fünfte und sechstemal im harten F und weichen D: das weiche D, der verwandetste Ton nimmt sich also vor den andern und weniger verwandten Tönen etwas heraus; denn es kömmt öfter zum Vorscheine. Hier sieht man, wie von einer bündig gesezten Musik nur der Plan auf dem Papier schon schön stehe, und daß das lateinische Sprichwort, troz allen Naturalisten, sich beständige: facti sumus numero, pondere & mensura.

Vom Gloria Patri.

Sehr frech fällt hier das mit dem F sehr kontrastirende G, freilich als fünfter Ton vom C ein, bei den Worten Gloria Patri. Der erste Period schließt mit dem vierten erhöhten in fünften, der zweite in den ersten. Der neunte, zehnte und elfte Schlag, drei weiche Tonarten E, A, D, sind von seltner Wirkung. Ueberhaupt herrscht viel Pracht in den wenigen Täkten.

Von der Fuge.

Statt daß man den langen Sinn von sicut erat bis amen zur Fuge wählt, wo dem Zuhörer schon bange wird, eh die zweite Stimme noch eingetreten ist; so nimmt hier die Fuge nur einen

nen Auszug hieraus, wiederholt das Wort semper und fährt gleich fort & in sæcula sæculorum. Was eine Fuge sei, hievon eine philosophische Abhandlung verspricht die Mannheimer Tonschule in dem Beweiß, daß die Fugen von Pergolesischen Stabat mater schon im ersten Takt gefehlt seien, und wie sie vierstimmig ausgeführt und verbessert werden müssen.

Wir lassen uns hier in keine Weitläufigkeit ein, und wollen nur kurz die Zergliederung hievon betrachten, die auf der 16ten Seite enthalten ist.

Die Tabelle ist folgende:

Vortrag.

Ende des dritten Gesangs. Diskantstimm. Anfang der Antwort.

    Drittes Gesang.   Alt.
    Zweites Gesang.   Tenor.
    Vortrag.   Baß.
        Hauptklänge.

Antwort.

Drittes Gesang.   Diskantstimm.
Zweites Gesang.   Alt.

Antwort. Tenor.
Ende des dritten Gesangs. Baß. Anfang des Vortrags.

Hauptklänge.

Der Baß fängt die Fuge an, dieser also singt den Vortrag: die Antwort muß melodisch und harmonisch richtig sein; wenn hier der Tenor in eben der Melodie antwortete: so würde sein Gesang, so wie das vorige des Baß von C ins G geht, vom G ins D übergehen, und so verlöhr die Tonseinheit bei dieser Antwort; deswegen sind die Hauptklänge von den vier ersten Schlägen der Antwort um 5 Töne höher oder um 4 Töne tiefer, als sie im Vortrage waren:

z. B. C | F | C | F Vortrag,
G | C | G | C Antwort;

und hingegen in den vier lezten Schlägen der Antwort sind sie um 4 Töne höher, oder um 5 Töne tiefer, als sie im Vortrage waren.

3. B. C A | A D | G
F D | D G | C

und hiemit stimmt auch das Gesang überein; denn beim fünften Schlage im Vortrage steigt der nen Auszug hieraus, wiederholt das Wort semper und fährt gleich fort & in sæcula sæculorum. Was eine Fuge sei, hievon eine philosophische Abhandlung verspricht die Mannheimer Tonschule in dem Beweiß, daß die Fugen von Pergolesischen Stabat mater schon im ersten Takt gefehlt seien, und wie sie vierstimmig ausgeführt und verbessert werden müssen.

Wir lassen uns hier in keine Weitläufigkeit ein, und wollen nur kurz die Zergliederung hievon betrachten, die auf der 16ten Seite enthalten ist.

Die Tabelle ist folgende:

Vortrag.

Ende des dritten Gesangs. Diskantstimm. Anfang der Antwort.

Drittes Gesang.   Alt.
Zweites Gesang.   Tenor.
Vortrag.   Baß.
Hauptklänge.

Antwort.

Drittes Gesang.   Diskantstimm.
Zweites Gesang.   Alt.

Antwort. Tenor.

Ende des dritten Gesangs. Baß. Anfang des Vortrags.

Hauptklänge.

Der Baß fängt die Fuge an, dieser also singt den Vortrag: die Antwort muß melodisch und harmonisch richtig sein; wenn hier der Tenor in eben der Melodie antwortete: so würde sein Gesang, so wie das vorige des Baß von C ins G geht, vom G ins D übergehen, und so verlöhr die Toneinheit bei dieser Antwort; deswegen sind die Hauptklänge von den vier ersten Schlägen der Antwort um 5 Töne höher oder um 4 Töne tiefer, als sie im Vortrage waren:

z. B. C | F | C | F Vortrag,
      G | C | G | C Antwort;

und hingegen in den vier lezten Schlägen der Antwort sind sie um 4 Töne höher, oder um 5 Töne tiefer, als sie im Vortrage waren.

3. B. C A | A D | G
      F D | D G | C

und hiemit stimmt auch das Gesang überein; denn beim fünften Schlage im Vortrage steigt der

der Baß um 2 Töne höher, und beim fünften Schlage in der Antwort steigt der Tenor nur um einen einzigen Ton höher.

Wer sich nun bei Verfertigung einer Fuge gleich diesen Plan macht, wird in der Ausarbeitung keine Schwierigkeit mehr finden, wenn er den Vortrag d. i. das erste Gesang nach dem ersten Gesange der antwortenden Stimme abgeglichen, die beiderseitigen Hauptklänge hiezu berichtiget, und der ersten Stimme ein bündiges zweites Gesang als Begleitung zum ersten Gesange d. i. zum Vortrage oder Antwort der dritten Stimme angewiesen, und derselbigen Folge von Hauptklängen untergeordnet hat.

Aus diesem Plane kann man jezo sehr leicht vorliegende Fuge beurtheilen.

Vom ersten bis sechsten Schlag hat der Baß den Vortrag, beim siebenten Schlage tritt der Tenor mit der Antwort ein, und der Baß bekömmt das zweite Gesang, beim 13ten Schlage tritt der Alt wieder mit dem Vortrage ein, der Tenor bekömmt das zweite und der Baß das dritte Gesang, beim 19ten Schlage tritt der Diskant

Diskant wieder mit der Antwort ein, der Alt bekömmt das zweite der Tenor das dritte Gesang, und der Baß schweigt. Wenn hier der Baß auch ein viertes Gesang bekommen sollte: so würde die Harmonie zu geschwülstig, und der Eintritt blieb ohne Wirkung. So aber tritt er beim 25ten Schlage wieder im C aber nicht als ersten sondern fünften Tone und mit der Antwort vom F ein, der Tenor aber beim 31ten Schlage sezt auf diese Antwort den Vortrag, der vom F ins C geht: beim 37ten Schlage erscheinen stückweise im Alt die zwei lezten Schläge des Vortrags, nämlich der fünfte und sechste, beim 39ten im Diskant; beim 41ten fängt der Baß im weichen D den Vortrag an, beim 43ten ahmt der Alt ihm schon in der Achte nach; auch eine pure nicht fugenmäßige Nachahmung hievon erscheint beim 45ten Schlage im Diskant, denn ob es schon in dem fünften von D geschieht: so widerspricht der Zwischenklang b; beim 47ten Schlage im Tenor folgt in der Achte hievon eine Nachahmung, die so lang fortwandert, bis beim 51ten Schlage ein förmlicher Schluß eines dem Scheine nach vorhergegangenen Vortrages vom F ins C endiget. Beim 53ten Schlage fangen der Alt und

Baß

Baß eine dem Vortrage anpaſſende doppelte Anſpielung an, die im 54ten vom Diskant und
Tenor doppelt nachgeahmet wird, bis endlich
beim 59ten Schlage ein endlicher Schlußfall zu
erfolgen ſcheinet, und der ſogenannte Orgelpunkt — kein unrichtiger, der Bezifferung unfähiger Orgelpunkt oder beſſer — pohlniſche Eck,
ſondern eine 7 Takt lang aushaltende Grundnot
zu allerhand analogen Nachahmungen von allen
4 Stimmen, zum reichhaltigen Stoff von Ausarbeitungen, Gelegenheit gibt, und ein Schlußfall erfolgt, der Not für Note aus dem Thema
gezogen worden. Vom 71ten bis 77ten Schlage hält ein Einklang an, der nur dasjenige leiſtet, was in den Werken der Redekunſt ein wi-
ziger Einfall wirket. Vom 78ten bis 82ten
Schlage dauert wieder ein ſoliter aus dem weſentlichen entnommener Schlußfall an. Zulezt
hält die Orgel den Hauptton C im Grunde an,
und alle 4 Singſtimmen eiferen um die Wette,
noch in dem lezten Augenblicke lauter Eintritte
anzuſtimmen, die dem Vortrage der Fuge gleichen: Das enge zuſammengezogene (lo ſtretto)
kömmt alſo zweimal, aber das zweitemal mit
erhöhter Stärke vor. Beim 92ten Schlage vereinigen

einigen sich die Elfte und Dreizehnte mit den Wohlklängen.

Dies ist nun die Zergliederung einer Fuge, die, wie wir bisher gesehen haben, den Anfängern zum Muster dienen kann, gleichwie wir allen Tonsezern, die den Singstimmensaz kennen und schäzen lernen wollen, das ganze Miserere zur strengen Einsicht empfehlen.

Es ist keine Partheilichkeit gegen den Mannheimer Tonlehrer, daß wir seine Werke als Muster gemeinnüzig machen: wer auf desselbige bündige Art, wie hier geschehen, Fehler zu entdecken weiß, wird durch diese Entdeckung der Aufklärung sehr großen Vorschub, und unserm Vaterland den wichtigsten Dienst leisten. Diesen Dienst werden wir mit öffentlichem Dank unsern Landesleuten und der Welt kund thun: schrieben doch nur die Herren Verfasser um zu nüzen, und nicht — um zu schreiben.

Baß eine dem Vortrage anpaſſende doppelte Anſpielung an, die im 54ten vom Diskant und Tenor doppelt nachgeahmet wird, bis endlich beim 59ten Schlage ein endlicher Schlußfall zu erfolgen ſcheinet, und der ſogenannte Orgelpunkt — kein unrichtiger, der Bezifferung unfähiger Orgelpunkt oder beſſer — pohlniſche Bock, ſondern eine 7 Takt lang aushaltende Grundnot zu allerhand analogen Nachahmungen von allen 4 Stimmen, zum reichhaltigen Stoff von Ausarbeitungen, Gelegenheit gibt, und ein Schlußfall erfolgt, der Not für Note aus dem Thema gezogen worden. Vom 71ten bis 77ten Schlage hält ein Einklang an, der nur dasjenige leiſtet, was in den Werken der Redekunſt ein witziger Einfall wirket. Vom 78ten bis 82ten Schlage dauert wieder ein ſolider aus dem weſentlichen entnommener Schlußfall an. Zuletzt hält die Orgel den Hauptton C im Grunde an, und alle 4 Singſtimmen eifern um die Wette, noch in dem lezten Augenblicke lauter Eintritte anzuſtimmen, die dem Vortrage der Fuge gleichen: Das enge zuſammengezogene (lo ſtretto) kömmt alſo zweimal, aber das zweitemal mit erhöhter Stärke vor. Beim 92ten Schlage vereinigen

einigen sich die Elfte und Dreizehnte mit den Wohlklängen.

Dies ist nun die Zergliederung einer Fuge, die, wie wir bisher gesehen haben, den Anfängern zum Muster dienen kann, gleichwie wir allen Tonsezern, die den Singstimmensaz kennen und schäzen lernen wollen, das ganze Miserere zur strengen Einsicht empfehlen.

Es ist keine Partheilichkeit gegen den Mannheimer Tonlehrer, daß wir seine Werke als Muster gemeinnüzig machen: wer auf desselbige bündige Art, wie hier geschehen, Fehler zu entdecken weiß, wird durch diese Entdeckung der Aufklärung sehr großen Vorschub, und unserm Vaterland den wichtigsten Dienst leisten. Diesen Dienst werden wir mit öffentlichem Dank unsern Landesleuten und der Welt kund thun: schrieben doch nur die Herren Verfasser um zu nüzen, und nicht — um zu schreiben.

Eingeschickte Frage.

Die None in beifolgenden *) zwei musikalischen Täkten ist nicht vorbereitet, und daher gegen die Regel, sie klingt aber dem Ohre, was gilt jezo mehr, das Ohr oder die Regel?

Antwort.

Es ist eine bekannte Wahrheit, daß kein logischer Sinn ohne drei Bestandtheile sich nur denken lasse.

Diese Wahrheit wird von der musikalischen Redekunst bestätiget; weil kein Fall kein Schluß, noch Schlußfall, ohne drei Harmonien, wo z. B. C anfängt, C schließet und der verwandetste schluß, fallmäßige entweder F oder G in die Mitte kömmt, erzwungen werden kann.

Wir wissen, eben sowohl daß ein Zusamnenstoß von zwei widrigen Tönen in demselbigen Augenblick, abgerissen vom Ganzen, ohne Vorgang, ohne Folge un-

---

*) Es sind jene Beispiele, die in der 11 und 12ten Lieferung auf den vorlezten Seiten der Winterschen Sinfonie Pag. 18, mit a) und b) bezeichnet sind, die anderen nachfolgenden dienen uns zur Erklärung.

unverständlich sei, und zweideutig werde, was davon zum harmonischen Dreiklange gehöre, und was durch die Kunst dazu gesellet, hiemit als Töne vom zweiten Range der Verhältnißmäßigkeit vielleicht als Uebelklänge verbunden worden.

Wenn es ein Mißlaut wäre: so könnte es weder beziffert noch in eine Tonart antwendlich werden; wenn es ein Wohlklang wär: so müste es im Dreiklang stecken; keine von beiden Eigenschaften kömmt diesem Saze zu: er ist also etwas drittens, das ist, eine Combination mit einem wohlklingenden und einem übelklingenden Tone e zu F, oder f zu E.

Ob aber e zu F als eine Siebente oder f zu E als eine Neunte gerechnet werden solle, läßt sich nicht anderst als durch den Vorgang und die Folge bestimmen; weil ein jeder Sinn drei Bestandtheile haben muß.

Ist nun e in vorhergehender Harmonie ein Wohlklang gewesen, das ist, vorbereitet worden, und das F hier frei, das ist, als Wohlklang eingetreten: so muß e zum F als eine große Siebente betrachtet werden; es mag f in der Höhe, und E in der Tiefe, oder e in der Höhe und F in der Tiefe liegen; denn die Lage ist nur eine gewisse

Aus-

Austheilung der Tönen der Harmonie, sie verändert aber keine Harmonie.

Ist aber f in voriger Harmonie schon ein Wohlklang gewesen, das ist, hiezu vorbereitet worden, und das E hier frei, das ist, als Wohlklang eingetreten: so muß f zum E als eine kleine Neunte betrachtet werden. Es mag e in der Höhe, und F in der Tiefe, oder f in der Höhe und E in der Tiefe liegen; denn die Lage beschränkt die Harmonie nicht.

Daß die Neunte als das $\frac{1}{9}$ zum Hauptklange ein Uebelklang und kein Wohlklang sei, zeigt die Tonwissenschaft, wenn sie die nahe und entfernte Verhältniße abmißet.

Daß die große Siebente als das $\frac{1}{15}$ zum Hauptklange ein noch entfernterer Uebelklang sei, folgt aus der Natur der Sache.

Das eingeschickte Beispiel a) ist in dem Augenblicke noch nicht gefehlet, als die scheinbare Neunte eintritt; weil die Folge erst diesen Vorgang fehlerhaft macht. Es ist also kein Wunder, daß dieser Gang einzeln betrachtet dem Gehöre nicht auffallend vorkommen müsse. Allein dies ist nicht die Entscheidungsart, wenn man vom Ganzen urtheilen soll. Weder die Harmonie vom C mit seiner

ner Dritte und Fünfte e und g noch die Harmonie vom Cis mit seiner Dritte und Fünfte eis und gis sind Uebelklänge, und doch beleidiget diese Folge mehr als alle Uebelklänge, die niemal beleidigen, sondern nur zur Aufhaltung dienen.

Daß dieser Eintritt nicht gegen die unumstößliche Verhältnißregeln der einfachen Natur gesezt sei, und daher das Ohr nicht beleidige, läßt sich gar leicht aus unserer Behandlung d) ersehen, wo die scheinbare Neunte, eigentlich aber die Fünfte und verminderte Siebente vom wahren Hauptklange d   f   dem siebenten erhöhten Tone Gis erst im folgenden Schlage in die Harmonie vom ersten Tone A treten, und vorher die im Baß liegende wohl vorbereitete Dreizehnte E auflösen.

Und hieraus folgt, daß die Behandlung a) sehlerhaft gewesen. Denn entweder sind d und f Uebelklänge oder Wohlklänge; sind sie Uebelklänge: so müssen sie vorbereitet werden, dies geschah nicht: also sind sie Wohlklänge: sind sie aber Wohlklänge: so muß hiezu das E im Baß, weil es nur 3 Wohlklänge giebt übel klingen und übelklingend behandelt werden, dieses E aber bleibt liegen.

In unserem Beispiele c) kommen d und f als Uebflk.
nämlich als 7   9 vom E
vor

vor, sie sind vorbereitet und aufgelöset, wie es die Tonwissenschaft und ihre Natur fodert.

In unserem Beispiele d) kommen d und f nicht als Uebelklänge sondern das E als Dreizehnte vor, dieser Uebelklang ist vorbereitet und aufgelöset, wie es die Tonwissenschaft und die Natur des Uebelklangs: foderet. Es folgen noch vier andere Schläge, worin einmal der Hauptklang Gis jetzt seine Dritte H dann seine Fünfte D und endlich seine Siebt. F zum Grunde liegt, bei unserem verführerischen Beispiele aber lag die Dreizehnte im Grunde, und hiedurch entstund eine solche Zweideutigkeit.

Der Satz b) ist nicht nur gegen die Lehre der Harmonie, sondern auch gegen die Lage gefehlt. Alle praktischen Tonlehrer sind darin einig, und bestätigen wenigstens durch ihre Setzart, was die Ton-

K 3   setkunst

sezkunst (S. 68. §. 60.) lehret, daß nämlich dem Gehör nicht angenehm seyn könne, wenn z. B. eine Stimme F singt und nochmalen eine andere Fis rc. Wie kann nun die Neunte f, die den Platz der Achte e zum vermeintlichen Hauptklange E eingenommen, sich ins es auflösen? Es giebt zwar einen Fall der übermäßigen Neunte: (der Tonsezk. S. 44. §. 19.)

Allein, daß eine übermäßige Neunte entspringt, liegt die Ursache in der Erhöhung der großen Dritte dis zum fünften Tone H, welches dis, anhaltend zum sechsten Tone C die übermäßige Neunte wird, sich sprungweis nicht auflösen darf, und daher eine Folge von Tönen fodert die cis und einen Stufengang zulassen. Es ist also hier, daß das dis als eine Aufhaltung zum C beifolgender Harmonie, ins cis sinke, nicht willkührlich, wie im eingeschickten Beispiele b) durch einen unnatürlichen Zwang die Neunte f vom Hauptklange E statt ins e, ins es treten muste. Ersteres hat die Lage der weichen Leiter zur Grundursache, letzteres ist eine Ausschweifung.

Wir wünschten nun, mit dieser Entwickelung eine löbliche Wißbegierde des auswärtigen Freundes, der schon 16 Jahre diesen Aufschluß gesucht zu haben uns meldete, ganz zu befriedigen, und stehen zu ferneren Antworten und Auflösungen bereit.

Es

Es folgt aber, daß das Ohr so wenig als das Aug über den ersten Anblick eines Gegenstandes gründlich urtheilen könne; sondern daß das Geschäft der Sinne diese Kanäle seien, die Sach wie sie ist, ächt aufzunehmen, und dorthin zu bringen, wo der gebildete Verstand im Zusammenhange (nicht abgerissen) das Urtheil fället, ein Urtheil, das nicht vom Privateigensinne eines einzelnen Kopfes bestätigt oder verworfen wird, sondern auf Jahrtausende so lang Verhältniße Verhältniße bleiben, andauern muß, und deswegen verdiente, tief in Marmor unauslöschlich für die späteste Nachkömmlinge noch lesbar, eingegraben zu werden.

Eingeschickte Frage.

Wie verhalten sich die zwei großen Clavierspieler

C. P. E. Bach und Alberti

von Rom gegen einander?

Discere & Docere

Lernen und Lehren

Ist diejenige Umschrift, die das Dreieck mit den 3 verhältnißmäsigen Pfeifen einschließt, und das Pettschaft der Mannheimer Tonschule vorstellt.

Wenn wir jemals in einem großen Manne, oder in einem Meisterstücke Fehler entdeckten: so unterließen wir gewiß nicht, auch die Vorzüge zu erwehnen. Und, daß uns keine satyrische Recensionssucht leite, ist dies der öffentliche Beweis, weil wir immer die glücklichsten Stücke, selbst von seltenen Genien zu zergliedern unternehmen, dabei einem jeden Fehler wieder 3 Schönheiten an die Seite stellen, so lernen, so andere lehren, ohne die Verdienste eines Mannes heruntergesezt zu haben, und glaubte sich auch einer beleidiget zu sein, so bekennen wir hier öffentlich, daß wir nicht aus Tadelsucht schreiben, sondern blos die Aufklärung der musikalischen Kenntniße zum Gesichtspunkt haben.

Es ist so wenig Schande für einen großen Mann, daß er in der allgemeinen Dunkelheit der Begriffe, die sein Fach angehen, nicht selbst das Licht angezündet habe, als es ihm Ehre bringt, daß er darin doch groß geworden. Und kein Schüler von einem Reformateur darf jemals die Verdienste eines im alten Sisteme grau gewordenen würdigen Mannes antasten; da ohnehin das Geschäft einer allgemeinen Verbesserung abseiten des Epochenstifters nichts als Liebe und Sanftmuth erfodert.

Ein solcher Eiferer muß Haß, Neid, Verfolgungen, Armuth, Abgang, und vielleicht Schand
und

und Spott als die Mitgift seiner gemeinnüzigen Wahrheit ansehen; weil er, sobald er lehrt, zu beleidigen, wem er dient, er Demüthigung anzukünden, wen er liebt, (wie es die gekränkte Eigenliebe nennet) zu mißhandeln scheinet.

Recensenten, deren Name der Verleger trägt, Verleger, die von ungenannten schwärmerischen Luftgeistern unterstüzet sind, mögen leicht etwas in die Welt hinein schmieren. Allein Leute, die sich eine Ehre daraus machen, gekannt zu sein, müssen der Wahrheit den Märtirertod geschworen haben, wenn sie zum allgemeinen Besten, die Kenntniße in Wissenschaften verbreiten, die Erfoderißen anzeigen, und hiernach die Künstler selbst abmessen sollen.

Lezteres ist das schwereste Unternehmen.

Wenn jemand zum anderen sagen soll; Freund, du irrest; zu ganzen Chören von Tonkünstlern: Brüder ihr fehlet; einem anderen bejahrten Manne zuschreiben soll: „Meister, Ihr Geschmack ist „unrichtig: Sie lieben Künsteleien, Sie wollen ge„lehrt sein, und vergessen das einfache; in allen „ihren Werken raget die ängstliche Sucht hervor, „etwas ganz eigenes, ganz neues, himmelweit „von allen anderen verschiedenes zu sagen; Sie „entfernen sich dadurch zu weit vom Planmäßigen,

U 5 „und

„und kein Redner in der Welt, er mag noch so
„großer Geist sein, sein Flug soll auch noch so
„kühn, sein Gang der ausgezeichnetste sein, ver-
„gißt die Anlage zum Werke, und wird nie mit
„einem Epilog, mit der Schlußrede anfangen;
„das haben aber Sie schon gethan. Sie haben
„z. B. ein Stück aus dem weichen A gesezt, und
„statt dem Vortrage im ersten im Haupttone des
„ganzen Stücks erscheinen 4 Schläge im weichen
„A, 4 Schläge im weichen G. Welcher Anfang,
„welcher Vortrag eines Tonstücks! Ist dies nicht
„eine förmliche Peroration, die sich zulezt im
„Schluße, schicklich zum bündigsten Schluße erst
„anbringen ließ; wenn die ganze Tonfolge aber,
„zu einem anderen ersten und Haupttonezweckte, der
„zwischen zwei zu weit entfernten Tonarten
„zwischen dem weichen A, ohne dem weichen G
„mit 2 ben den Mittler abgeben, und wie die
„Tonart das weiche zu jedem gleichmäsig verwand-
„te D mit einem b Besiz nehmen, und diesen
„im ganzen Stück (dies heißt Tonseinheit, der
„Eintönigkeit und Verwirrung entgegengesezt) be-
„haupten könnte? Man mißkennt Ihre, auch Ih-
„rer Vorältern Verdienste nicht, deren Ruf vom
„gleichen Namen die Auspofaunung ihrer Arbeiten
„unendlich erleichtern half. Ich will keinen dikta-
„tori-

„torischen Ton annehmen, viel weniger Sie be-
„lehren, sondern nur zeigen, um wie viel aufge-
„klärter und heller es seit 30 Jahren im Tonreiche
„geworden sei. Sind Sie ein Patriot, so muß
„das allgemeine Beste der Zukunft, das Ihren
„Zustand, in Rücksicht auf Ehr und Vermögen
„nicht das mindeste schmälert noch verschlimmert,
„ihrer vielleicht auch gekränkten Eigenliebe vorge-
„zogen sein. Ancor 'io son pittore. Auch ich
„(obiger musikalischer Jemand) habe in Schwie-
„rigkeiten auf diesen oder jenen Instrumenten Ver-
„suche angestellt, mich wandelte auch nicht selten
„die Lust an, aus allen Kräften Neuheiten zu su-
„chen, deren Vortrag ins ungereimte, deren Zu-
„sammenklang in die Verwirrung ausartete. Ich
„änderte aber meinen Sinn, da ich meinen Ge-
„schmack vorher mehreren Nationen und Völkern
„zum urtheilen Preis gegeben hatte, nicht aus skla-
„vischer Erniedrigung vor Ausländern, aus wahn-
„witziger Sucht fremden nachzuäffen, sondern ich
„machte mir mein deutsches Feuer zu Nuzen, und
„nahm willig von anderen eine solide Mäßigung
„an. Der verschiedene Beifall, den die nämlichen
„Stücke in einer Stadt erhielten, dieselbige Wir-
„kung, die auch nicht selten auf verschiedene Na-
„tionen ihnen gleichmäsig entsprach, gab mir eine
„wie-

„ wiewohl sehr dunkle Idee von einem allgemei-
„ nen Geschmacke. Dann sagte mir die Welt-
„ dreist, daß zwischen einem Saze von Instrumen-
„ ten und Singstimmen, zwischen Einfachheit
„ und Trockenheit, Mannigfaltigkeit und Ver-
„ wirrung, zwischen einem hohen Schwung, ori-
„ ginellen Pinselzug und Fantasie, Karrikatur, bi-
„ zarres Zeug ꝛc. zwischen musikalischer Fantasie
„ und einem hizigen Fieber noch ein himmelweiter
„ Unterschied sei. „

Wenn nun jemand einen Meister so anreden sollte, müßte er sich nicht gegen ganze Heere von Widersprechern rüsten, die mit allen möglichen Schmähworten bewafnet, von allen Hoftabalen unterstüzet, zu Feld ziehen würden, und doch ist dieses der Ton der Bescheidenheit, nicht der verkappten Rezensenten.

Also ist die eingeschickte Frage von doppelter Schwierigkeit: 1) den Grad so großer Männer bestimmen zu können, 2) es sagen zu dörfen.

Auch wir haben die Regeln der Redekunst vergessen, daß ein Eingang nicht halb so lang als ein Theil sein soll, und trösten uns nur mit dem, daß, wer diesen Eingang versteht, einen Theil der Rede anticipirt schon vernommen habe.

Al-

Alberti war ein sehr geschickter Clavierspieler der in Venedig und in Rom gewohnt hat. Er spielte mit sehr vielem Geschmack, dabei aber sehr tändelnd ohne Bindungen, und ohne anhaltenden Gesang, das auf dem Clavier schwer, und vielleicht nur durch künstliche Kneipereien, durch krämpfigte Windungen erzielet werden kann. Statt dessen führte er einen vollstimmigen Baß ein: er fieng an, den Baß harmonisch zu bewegen, legte im Baß die Wohlklänge oder Uebelklänge, und die linke Hand enthielt ohne die rechte eine gewisse Vollständigkeit.

Dieser Albertische Baß da er in einander nachfolgenden Arpeggien z. B.

c e g | d g f g | c e g e g | H g d g

viele Töne zum Vorschein brachte, war nicht so schwer, als Gebrauß und Aufsehen dadurch entstund. Den Liebhabern muste diese neue Art um so mehr behagen, weil es, besonders, wenn die Hand ein wenig dazu gewöhnt ist, keine Mühe kostet, die Ohren immer angefüllet bleiben, das Leere so leicht verdeckt wird, und die Fehler gar unmerkbar sich durchschleichen. Kein Wunder also, daß alle Liebhaber Albertens Parthei um so mehr annahmen, je weniger mit desto ungleich größerer Mühe die Clavierstücke von ihren erstaunlichen Clavierspielern Alessandro Scarlatti, Domenico Scar-

Scarlatti, Francesco Durante u. d. m. zu lernen kosteten, die noch dazu wieder in eine allzugroße Künstelei verfielen, und meistens aus Präludien voll schweren Modulationen aus bizarren, heiklichen, schwärmerischen Fantasien, und rasenden Fugen bestunden.

Kein Wunder also, daß die, einer harmonischen Sprache, einer melodischen Opernmusik gewohnte Jataliener mit offenen Armen, die niedliche, reizende, zärtliche Albertische Sonaten bewillkommten.

Nur ist dieser nüzliche Zusaz von einem arpeggirenden Baß zum Mißbrauche und Nachtheile der guten Spielart ausgeartet. Auf einmal wurden die Bindungen entbehrlich, der Fingersaz vernachläßiget, weil vom Baß alle nachahmende Läufe ausgeschlossen, die rechte Hand gedeckt blieb, und die Hand sich führohin nicht mehr an das solide, an das wahre gewöhnte — sondern an Klimpereien. Solche Tändeleien würden aber niemal auch bei uns nicht in Aufnahme kommen können, wenn nicht gute Clavierstücke, wobei der Spieler sich den sichersten Fortgang versprechen darf, meistens so unangenehm, verzerrt, blos nach einem zweckswidrigen Gesichtspunkte künstlich gesezt wären. Je mehr die Hand gewinnet, desto mehr verlieret
die

die muſikaliſche Redekunſt. Der ſingende, einfache Geſchmack wird verbannt, eine äſthetiſche Beurtheilungskraft erhält von den inneren Exercitien der Kunſt eine ſchiefe Richtung; weil das trocken Generalbaßmäſige, die gedrängten Modulationen, die gehäuften Verführungen und Tonsbetrüge (inganni) die Nachahmung der Singſtimme vernachläßigen.

Noch lebt Alberti in ſeinen gebildeten Schülern, worunter Signore Abate Romani in Rom ſich auszeichnet, und es wär Undank gegen Alberti, wenn wir ſeinen Baß ganz verbannten, als Verläugnung unſerer Nation, nur dieſes alltägliche, monotoniſche immer ſetzen, nur ſeinem tändelnden Geſchmack überall nachahmen wollen.

Bis hieher werden nun unſere Landsleute Alberti kennen. Bachen ihm an die Seite ſtellen — Nein, der iſt zu groß. Die Spielart, der Vortrag dieſes Mannes leidet keine Ausnahm. Doch wünſchten wir, daß der große Mann im Saze, mehr das rührende, niedliche, einfache, weniger das künſtliche (das zu ſeiner Entſchuldigung der nordiſche etwas trockene Geſchmack freilich noch ſodert) eingemiſchet hätte. Unterm einfachen verſtehen wir aber nicht nur ſimple Noten, ſondern auch Tonfolge, planmäſige Abzielung aller Ausweichungen

gen auf denselbigen Hauptton, der Toneinheit untergeordnete Mannigfaltigkeit u. d. gl. Auch unser feuriger, etwas kühner, manchesmal aufbrausender, unaufhaltsam fortreissender Geschmack, der hundertmal ausartet, soll keinem anderen Lande aufgedrungen sein, nur die Existenz einer musikalischen Redekunst, eine hieraus gefolgerte Aesthetik, und die Möglichkeit eines allgemeinen Geschmacks behaupten wir, der das reizende mit dem künstlichen, das solide mit dem gefälligen vereinbaret; sezt hierin nun ein Deutscher, spiele hierin ein Deutscher, o so war seine Grabschrift schon vom Horaz schon 200 Jahre vor und für ihn fertig:

>   Omne tulit punctum, qui miscuit
>   utile dulci.

Frage.

Wie verhalten sich die großen Opernschreiber
Gluck und Piccini
gegeneinander?

Wer den Vergleich der zwei größten Tonsezern Haße und Jomelli in unserem ersten Jahrgange gelesen hat, wird im Stande sein, die Wirkung einer Arie als Singstück, von jener auf dem Theater als Handlung der Leidenschaft zu sondern. Dem wird nicht mehr auffallend vorkommen, wenn wir als Karakteristik der zwei großen Opernschreiber Gluck und Piccini angeben, daß Gluck die Singstimmen brammatisire, und Piccini die Schauspieler zu Sängern mache. Wir treten dadurch den Verdiensten dieser großen Urgeistern nicht zu nah, wenn wir schon eines jeden seine ausgezeichnete Kraft erheben, da doch der andere auch in demselbigen Vorzug nicht zu weit entfernt ist. Es folgt also weder hieraus, daß Gluck keine Singstimmen schreiben, noch daß Piccini nicht ausdrücken könne.

Nur die schwärmerischen Anbeter, die Glucken in Verdrängung des gefälligen Gesanges und Piccinen einen in Häufung der Noten zu weit voran schreiten ließen, hätten füglicher wegbleiben sollen. All diese unnüße Haufen von geschäftigen Maßgängern schaden den schönen Künsten soviel, was solide Kenner nußen.

Wenn Piccini in seinem ganzen Leben nur die einzige Operett la Buona figliola geschrieben hätte, so wär es zur Verewigung seines Namens genug. Das hätte er auch gekonnt, wenn man jezo mehr das Talent, die Müh so weit zu kommen, sich unter Tausenden auszuzeichnen, wie bei den alten Künstlern ehmals geschah, und nicht die mechanische Arbeit bogenweis bezahlte. Gluck hat eine neue Bahn durchgebrochen, die schwachen Wünsche so vieler weiser Drammaturgen für die Wahrscheinlichkeit des unendlichen Chaos von durchkreuzenden Schönheiten, die Oper zum Schauspiele zu erheben, troz himmelstürmenden Vorurtheilen glücklich durchseßt. Nur ein Gluck konnte vollenden, was andere gedacht haben. Die Stärke des Geistes würde aber bei Gluck wieder nicht zulassen, auf der komischen Bühne dem Ohre, wie der gefällige Piccini, zu liebkosen; Piccini hingegen würde mit ganz originellem Schwunge nie eine herzniederschlagende Tragödie in Tönen vor Gluck geschildert haben.

Lasset

Lasset nun werthe Deutsche, ohne für unsern Allemannier Gluck eine partheiische Sprache zu führen, (denn für die zukünftige Bildung unserer Landesleute eiferet lieber) beide große Männer miteinander in Paris um die Wette Gebäude aufführen. In Paris wird Apollo seinen Richterstuhl aufschlagen, und wir wollen das Resultat vom geläuterten Geschmacke, da keine Nation glücklicher als die deutsche nachahmet, benuzen.

Frage.

Ist die Proportionalrechnung zur Ausübung der Tonsezkunst auch wißbegierigen Tonliebhabern nüzlich, nöthig, oder gar Pedanterie?

Antwort.

Ehe wir uns zur Antwort hierüber einlassen: so müssen wir verschiedene Begriffe auseinander sezen, die bisher miteinander vermischt worden.

1) Was Proportionalrechnung, und Ausübung der Tonsezkunst,

2) Was Liebhaber und Künstler,

3) Was nüzliche und nothwendige Kenntniß seien.

Das Wissen geht vors Können. Leichter wird jeder Schüler die Grundsäze einzusehen im Stande sein, und ehnder, als daß es ihm geläufig werde, sie am gehörigen Orte anzuwenden, und vielleicht wie dieser oder jener Schüler nie eine Allgemeinheit der Anwendung erlangen, daß er auf alle mögliche Fälle, auf alle nur jemals vorkommende Erscheinungen mit Sicherheit vom Sisteme, vielleicht auch in die Zukunft schon voraus schließen könne — diese Allgemeinheit ist nur die Karakteristik eines ausgezeichneten Profeſſors, zu dessen Orakel noch andere Meister der Kunst appelliren, und hievon ihre Fragen oder Streitigkeiten müssen entscheiden lassen.

Wenn nun unter einem und dem andern Meister der Kunst schon fast derselbige Unterschied fortharret, den man zwischen Lehrer und Schüler festsezen wollte, welcher Unterschied muß nicht erst zwischen einem versuchten Meister der Kunst und Professor, dann zwischen einem Liebhaber, der in einigen Fächern sich geübt hat, in Absicht auf die Allgemeinheit der Anwendlichkeit derselbigen von beiden wiewohl in gleichem Grade erkannten Grundsäzen, sein?

Man

Man sollte auch immer ehnder die Wissenschaft studieren als die Kunst erlernen.

Die Tonwissenschaft geht der Tonsezkunst wie im Range, so auch in der Ordnung vor.

Hier ist aber der Scheidepunkt der Liebhaber und Künstler.

Liebhaber, die denken gelernt haben, die zu folgeren gewohnt sind, die vielleicht selbst in Wissenschaften und Untersuchungen, Vergleichungen der Größe bewandert sind, finden gar keine Schwierigkeit an den Verhältnißen der Töne: begreiffen leicht die Tonwissenschaft, und wünschten, von der geläufigen Aussicht in das unendliche Feld der Combinationen verführt, nie in die Praktik übergehen zu müssen. Diese Liebhaber bleiben durch diesen Mißbrauch der Grundsäze gradezu stehen, kommen nicht voran, werden steif, unschmackhaft nicht nur in ihrem Saze, sondern auch Vortrage, und geben dem anderen Theil Aergerniß, um in einen entgegengesezten Irrthum zu verfallen.

Tonkünstler, die nie gedacht, sondern gespielt, nie gefolgert, sondern empfunden, nie Vergleiche angestellt haben, und desto schwerer einsehen

sehen können daß g zum c sich eben so wie
c zum f verhalte, finden eine
große Geläufigkeit in praktischen Aufsäzen: spielen
flüchtig weg, schreiben ihrer Gewohnheit nach,
wagen sich nicht in Labirinthe, wählen solche Säze,
von denen die Erfahrung, (weil sie schon hundertmal da waren) ihnen Bürge ist, daß sie Wirkung thun, und wünschten daß niemal eine Philosophie über ihre Tonsezung, eine musikalische
Metaphysik möglich werden möchte. Diese Künstler bleiben bei ihrem einmal gewöhnten Zuschnitt,
wagen sich nicht zu weit: je mehr sie schreiben,
desto mehr schreiben sie sich selbst ab, (wenn sie auch
einmal original gewesen sind) verfallen immer ins
alltägliche, und scheinen ihrer Gegenparthie Sucht
zu neuen Entdeckungen hiedurch rechtfertigen zu
wollen.

Vereint nun ein großer Geist die flüchtige
Thätigkeit lezterer mit der strengen Einsicht ersterer,
dann entsteht ein seltnes Produkt, das beiden
Parthien zum Maasstabe dienen kann, um ihre
einseitigen Voranschreitungen sichtbar hieran vergleichen und abzählen zu lernen.

Beide entgegengesezte Theile verfehlen die wahre
Idee vom nüzlichen und nothwendigen, und da
die

die Liebhaber beide vermischter anpacken, sich daran stützen und anklammeren wollen: so versäumen die Künstler beide. Erstere massen sich noch dazu eine überkünstelte Gelehrsamkeit an, suchen unter irgend einem Vorwande alles zusammen, was immer nur vielleicht durch die Mißdeutung des Namen Harmonie *) dorthin passen kann, nicht nur das nützliche neben dem nothwendigen, sondern auch das unnöthige gesellen sie hiezu, und das heißt Ueberspannung.

In Deutschland ist es schon viel seltner, daß Liebhaber sich mit den strengen abgezogenen Lehren so eifrig abgeben, in Italien sind deren sehr viele, wie dann in Neapel zwei Herzoge Principe di S. Georgio; Duca di Riario, in Venedig ein Graf Taxis, in Rom und Florenz noch andere mehr, deren Namen zu nennen, viel zu weitläufig wär, alle Stunde eine Kapellmeistersstelle annehmen und damit Ehren bestehen könnten.

---

*) In einem gewissen Buche ist dieses Wort in einem so weiten Verstande genommen, daß wirklich etwas heraus kömmt, was in die Amtspflicht einer Hebamme vielmehr als dahin (wie es doch betitelt ist) einschlägt.

Im nördlichen Deutschland nimmt eben so der Hang zur Theorie, zum Raisonnement zu, wie er im mittägichem abnimmt, und der lüsterne Geschmack vom lezteren kontrastiret eben so mit den trockenen vom ersteren.

Nur Meister, die mit Geschmack auch die Kunst vereinbaren (und deren sind wenige) dörfen auf allgemeinen Beifall in allen Gegenden einen gleichen Anspruch sich zusichern.

Wer praktisch komponiren will, muß die Tonsezkunst verstehen; die Tonsezkunst gründet sich auf die Tonwissenschaft, was in der eingeschickten Frage durch Proportionalrechnung verstanden wird. Man braucht nicht die Grundursachen der Tonsezkunst die Tonwissenschaft zu verstehen, und man kann in allen Fächern praktisch und ungehindert fortfahren. Es sind viele Voglerische Schüler, die ohne die Wissenschaft der Verhältniße, eben so regelmäßig, so übersezend sezen. Aber alsdann muß man die Regeln der Tonsezkunst sklavisch anbeten, und es läßt sich keine Ueberzeugung hoffen. Diese Ueberzeugung aber ist die Geburt einer Urquelle von Ursachen, eines lezten Warums, und diese ist keine andere, als die Lehre der Proportionen. Man kann also komponiren, ohne die leztere

tere Ursachen zu wissen, kein Tonlehrer aber darf ein Buch schreiben, ohne sie anzugeben.

Nur Kenner dörfen hierüber urtheilen; und scheinen sie ihnen zu weit hergeholt: so kömmt es nur auf einen neuen Entwurf eines harmonischen Lehrbuchs an, das nicht nach Wolfischem, sondern nach dem galanten Vortrag der Genien, aber jener selbstständigen, selbstgewachsenen Genien schmecke.

Die nothwendige und zum lezten Warum unentbehrliche Kenntniß ist die Tonwissenschaft: die nothwendige zum praktischen Sezen ist die Tonsezkunst: näzliche, aber nicht ganz nothwendige Entdeckungen sind die Vergleichungen in der Auflösung der Preißfrage aller Tonsisteme von zwei tausend Jahren her bis auf die Mannheimer Tonschule: unnüze Hirnmarter sind, die Berechnung des Comma, das in der Frankfurter Encyclopedie unter dessen Namen doch als die Widerlegung antiquarischer Vorurtheilen erscheinen muß, die logarithmische Bestimmung der gleichschwebenden Temperatur rc. Ein Liebhaber, wenn er schon um gründlich zu urtheilen, das Schulbuch und die Betrachtungen der Mannheimer Tonschule verstehen soll, hat doch noch einen weiten Weg vor sich,

sich, wenn er selbst im Stand sein will, seinen feinen Geschmack und unendliche Foderung durch eigene Produkte zu befriedigen, das ist, wenn er selbst komponiren will, wie viel Hindernißen werden ihm die verschiedene Stile und Gegenstände verschiedener Oerter und Instrumenten im Weg legen, bis er etwas sezet daß seine auch blinde Eigenliebe nicht erwachet, und selbst darüber in Harnisch geräth.

Wie sich die Tonwissenschaft und Tonsezkunst mit der Aesthetik verbinden laßen, handelt im zweiten Jahrgang in einer besondern Lieferung jene Rede ausführlich ab, die am fürstl. Weilburgischen Hofe ist vorgetragen worden.

Wenn nun Wissen, dem Können vorgeht, die Tonwissenschaft nur die Stüze, nicht aber selbst Tonsezkunst ist, und die nüzlichen Kenntniße gemisset werden dörfen, wo allein die nothwendigen sind: so wird jeder nach Wißbegierde seinen Schluß hieraus ziehen, und niemand mehr die Eigenschaften des Künstlers mit jenem des Liebhabers, die Sezkunst mit ihren Grundsäzen und die Regeln mit den Unterhaltungsstudien vermischen, sondern diejenige Beschäftigung, diejenige Mitteln oder auch denjenigen Stand wählen,

wie

wie es ihm aus voriger Auseinandersetzung am
zuträglichsten vorgekommen.

Frage.

Wär es nicht besser, wenn statt den Zirkeln im kuhrpfälzisch-musikalischen Schulbuche die Tabellen grade aus geschrieben würden?

Antwort.

Wir haben 7 Töne in der Leiter: diese sieben Töne können unter sich in eine gewisse Ordnung gelegt werden, so, daß sie nicht mehr stufenmäßige Töne sondern Fortschreitungen in harmonischen Antheilen scheinen. Deutlicher:

Statt, daß neben dem C das D steht: so kann der verwandteste vom C das G oder derjenige zu welchem C der verwandteste ist, nämlich das F folgen. Diese beiden Töne G und F sind also die füglichsten Töne, wenn man schließen und fallen will.

Bis hieher leitet uns die Tonwissenschaft, und die hieraus gefolgerte Lehre der Schlußfälle;

denn

denn erstere zeigt, daß nach der Hälfte, der Verhältniß der Achte, die erste Verhältniß vom Ganzen zu seinem Drittel jene in unserer Clavierlage vorkommende Fünfte sei,

und G vom C wie

c vom F

das ⅔ zu 1 sei: leztere aber, unterordnet alle im Tonreiche nur mögliche Schlußfälle diesen Verhältnißen.

Wenn wir aber mit schlußfallmäsigen Versezungen nur in den sieben Tönen der Leiter fortfahren wollen: so werden wir zulezt an denselbigen Ton wieder kommen, womit wir angefangen haben. Es mag nun

vorwärts   oder   zurück geschehen

```
C                              C
G                              F
D                              H
A                              E
E                              A
H                              D
F                              G
C                              C
```

Die Fortschreitung von C zu G, von G zu D, von D zu A, von A zu E, von E zu H, von G zu zu C, von D zu G, von A zu D, von E zu A, von H zu E ist immer noch sehr harmonisch; weil stets obige Verhältniß von $\frac{3}{2}$ zu 1 anbauret, wollen wir aber eben so verhältnißmäsig von H vorwärts und vom F zurück schreiten: so müssen wir auch jene 5 zwischen den 7 Tönen eingeschalteten Töne, wodurch die vermischte Tonleiter gebildet wird, zu Hülfe nehmen, und schreiten

vom H zum Fis, Cis, Gis, Dis, Ais, Eis, His und vom F zum B, Es, As, Des, Ges, Ces
oder
H E A D G C fort.

In der zweiten Fortschreitung kommen wir eben wieder zum C, und in der oberen zum His, welches mit dem C denselbigen Tasten hat.

Will ein Tonlehrer Gänge, harmonische Säze, Fortschreitungen, Ausweichungen und dergleichen vorschreiben, die ein Schüler willkührlich soll benuzen können, die ihm in jedem Tone taugen, daß er nur anfangen, nur schliessen darf, wie er es eben braucht, welcher Ton soll zur Tabelle der erste, welches der lezte sein?

Wenn sogar diese Töne ein sphärisches System ihrer jezo beschriebenen Fortschreitungs-Natur

nach)

nach verstellen, weil sie selbsten wieder zum Tone zielen, womit angefangen worden, sagt dies nicht eine zirkelförmige Natur?

Und was steht im Schulbuche Tab. XXVIII, XXIX, XXX, anders als diese Fortschreitung?

Von der zirkelförmigen vierstimmigen Harmonie der Auflösung der Preisfrage, siehe die Erklärung, von den zwei zirkelförmigen Tabellen Tab. XXVI, XXVII im Schulbuche, und ihren Nuzen handelt die Summe der Harmonik.

Leute also, die diese Grundsäze zu verstehen im Stande sind (mit anderen sollen wir's hoffentlich nicht aufnehmen) werden eine ganz verschiedene Meinung von unseren Zirkeltabellen bekommen, die der Berliner Rezensent so arg verschrien hat.

Zwei Tonschüler, die in Abwesenheit des öffentlichen Tonlehrers die Correctur besorgten, haben zwei Fehler einschleichen lassen: 1) mußte in voriger Abhandlung 2000 statt 200 Jahren von Horazens Epoche, 2) Abate Rossi statt Romani stehen.

Betrachtungen der Mannheimer Tonschule.

Dritten Jahrganges

vierte, fünfte und sechste Lieferung

für

den 15

Herbst- Wein- u. Windmonat
1780.

Recension

aller noch folgenden Stücken

zur

Operette

der

Kanfmann von Smyrna.

Vom Duet
zwischen Nebi und Kaleb.

Es entsteht zwischen zwei Handelsleuten wegen dem geschlossenen Kauf ein Zank. Sie zerren sich beide mit einander; weil Nebi den Kaleb vor dem Richter zu belangen sucht. Die Unruhe des ersteren, und der Widerstand des letztern äussert sich schon im pantomimischen Eingange, da die Noten welche 1) 2) durch einen Punkt an den vorigen anklebten, gewaltthätig und mit wachsender Hitze (crescendo) abgetrennt werden.

Alle Stimmen laufen in einer harmonischen Verwirrung fort 3) 4).

Der Vortrag des Nebi geschieht sehr eilfertig 5) Kaleb nimmt sich Zeit ihm zu folgen 6), die anhaltenden Fagotte 7) bestätigen seine Antwort. Kaleb fragt ihn 8) nach der Ursache seines Zorns.

Dieser Wettstreit 9) 10) hält die Regeln der Declamation aufs genaueste. Kaleb unterbricht 11) seines Gegners Beschuldigung mit einem häßlichen Pfui, das durch das im Grunde liegende Ais und seine verminderte Siebente 12) sehr lebhaft wird.

Die

Die Zänker gerathen 13) in eine Wallung und in einen solchen Eifer 14) daß keiner den andern mehr anhört noch ausreden läßt.

Ihr Gesang ist eine musikalische Nachahmung; denn jeder nimmt des anderen Unwillen eben so übel auf, und begegnet ihm mit gleicher Grobheit.

Der Auf- und Niederschlag wird hier von den bestimmten Aeusserungen der streitenden Parthieen karakterisirt, und eben dadurch gewinnt das Ja, 15) und Nein 16), eine ausserordentliche Kraft.

17) Dieses muß man den geläufigen Stimmen der Musikern, die gegenwärtige komische Oper aufführen helfen, zu gut halten, wenn vielleicht in den Augen eines storrigten Kunstrichters dieser Gang dem Ausdruck nicht hinlänglich zu huldigen scheint.

18) Nun verdoppeln sie ihren harmonischen Zank. Bei den unruhigen Vorwürfen des Nebi 19) besteht Kaleb auf seiner einmal gegebenen Antwort 20) 21). Dieses Ritornel beziehet sich auf den Eingang 22). Die weiche Tonart vom D bereitet das weiche A vor. Kühn und entschlossen wiederholt 23) 25) Nebi seinen Antrag, Kaleb antwortet mit gesetzter Miene und voll des kräftigen Ausdruckes 24) 26). Beide Zänker werden nur

von eigner Bewegung und Ausdruckvoller Harmonie begleitet. Jeder bekömmt ein Accompagnement, und immer das nämliche wieder, das zu seiner Leidenschaft passet. Schön schreiben ist leicht; Ausdrücken nicht so schwer; aber zu jedem Bilde angenehme und natürliche Farben, die ihm nur eigen, und ausserhalb Nichts wären, wählen zu wissen, ist nur ein Genie eines grosen Malers und der versuchteste Pinsel fähig.

Nun ruht die Stimm des Kaleb 27) eben so, wie er auf seine Antwort beständig verharrt, und hiebei nimmt ihm Nebi sein voriges Gesang 26) gleichsam mit spöttischem Eigensinne ab.

28) Ein angenehmer Halt, dessen vortrefliche Wirkung man nicht einsehen kann, ohne die Gründe der Tonwissenschaft von den harmonischen Zahlen und Antheilen dem $\frac{1}{3} \frac{1}{3}$ wohl einzusehen.

Daß es nichts geringes um die Versetzung sey, dient gegenwärtige Lage 29) zum Beweise. Diese Wiederholung konnte nicht im G geschehen; weil es dem Umfange beider Singstimmen widerspricht. Soll sie aber verstümmelt oder gar ausgelassen werden, so wäre es Schade. Hier ersann die Nothwendigkeit ein Mittel, nämlich den dazu füglichen Ton C vorzubereiten, und hierin dem Umfange der Stimmen, so wie dem Contraste zu steuern.

30)

30) und 31) wird der Ausdruck Pfui von beiden lebhaft vorgetragen; dies war eine Freiheit, die sich der Gesangdichter vorausnahm, um die Schilderung bunter und die Farbenmischung stärker auftragen zu können.

Vom Duett
zwischen
Dornal und Amalie.

Nun folgt ein tragischer Auftritt zwischen zwei Sklaven, die anstatt sich miteinander ehelich zu verbinden, vom Wüteriche an Ketten gefesselt sind. Dornal spricht zuerst, dann antwortet Amalie.

Das Gesang ist sehr einfach 1), aber die weiche Tonart durch die in der Mitte herrschende, verminderte Siebente 2) des siebenten Tons unterstützet, macht es kläglich; die unruhiger als geschwind laufende Bewegung der begleitenden Stimmen 4) trägt zum traurigen Ausdruck nicht wenig bei. Das Gesang wird bedeutender, da sich die Stimme des beklemmten Herzens 5) noch mehr erhebt,

erhebt, und da zur Begleitung die Grundstimme selbst die kleine Dritte 6) ausschlägt.

Da das Aug und Ohr vieles miteinander gemein haben: so sieht man hier eine Trennung auf dem Papiere, die nicht minder lebhaft in der Ertönung gegenwärtigen Satzes vernommen wird.

7) g a h c d es e f, fis g

   g fis f es d c b a as g

Bis hieher der pantomimische Ausdruck! Dann wiederholt der Sänger beim Vortrage der Leidenschaft und Aufklärung der bisherigen Bedeutung das nämliche.

Das schröckliche Vielleicht konnte nicht kalt seyn, und hier nimmt das harte Des 8) im Gesange Besitz.

Das Wort Grausamer 9) gehört wegen seinem unschicklichen Sylbenmas auch noch unter die wenig harmonischen Worte unserer Muttersprache; ein siebenter Ton folgt 11) dem andern 10) nach,
7b   7b
Fis nach H und die hinauf zu sich auflösende Siebente 12) ist hier an ihrem eigentlichen Orte angebracht.

Der fünfte Ton G 13) wird durch die Vertiefung seiner Dritte 14) zum ersten Tone, und

be-

bereitet ganz gelind eine Ausweichung 15) ins Es vor. Obschon hier kein Gesang herrscht: so schildert die w:llenmäsige Bewegung 16) hinlänglich den Gegenstand seiner getäuschten Einbildungskraft. Der Kummer schwebt auf den Lippen des Sängers, und drückt sich sehr lebhaft dadurch aus, daß er gleichsam trostlos die Stimme, nachdem er sie 17) hilfschreiend erhoben hatte, schmachtend 18) sinken lasse.

Das traurige Bild haftet auf einen erst jezo erniedrigten Ton des 19). Der tiefe Ton zeichnet die Grube 20) so viel als möglich.

Der Schlußfall des vierten erhöhten Tones A 21), die bei dem Rufe steigende Singstimm 22) und der Erwartungsvolle Halt 23) (la Fermata) bestimmen die Frage.

Es verdienen hier noch folgende Bilder eine besondere Anmerkung: der verschlingende Abgrund 24) das saure Meerwasser 25) die Entschlossenheit 26) in Widerwärtigkeit 27) wozu eine unerwartete Ausweichung 28) beitritt; das wankende Schiksal 29) und die Heftigkeit der Empfindung 30), die sich durch eine verzweiflende Frage erst 31) äussert.

C 3   Die-

Dieser zweite Theil würde vielleicht nicht im harten C erwartet, doch geht er in keinen andern Ton über, der noch weiter entfernt wär, er weicht vielmehr ins F aus, was bei dergleichen Ausschweifungen selten ist. Die jetzigen Modecomponisten dünken sich gelehrt, wenn sie wie eine geschwätzige Wäscherin vom Zehnten ins Zwanzigste kommen, und zuletzt nicht mehr wissen, was sie haben sagen wollen.

Eigentlich sollte ein Stück niemal in einen Ton ausweichen, der der Einheit widerspricht. Ob aber gegenwärtige Leidenschaft an die stäten Gesetze der Redekunst streng könne gebunden werden, mögen andere urtheilen. Genug ist, daß der Zwischensatz nicht ins D ins weiche A wieder ausweicht, wie wir leider alle Tage so ungereimtes Zeug verdauen müssen.

32) Das Gesang ist sehr einfach, äusserst wohlklingend und die lauteste Aeusserung eines in beklemmter Süßigkeit auf den Lippen schwebenden zärtlichen Herzens. Wenn die Geigen 33) im Stande sind, Leidenschaften auszudrücken, und pantomimisch zu sprechen: so darf der Schauspieler nur seufzen, und der Zuhörer wird schon gerührt: eben so 35) 36).

Die

Die Antwort der Amalie 34) ist kein Ohngefehr; da Dornals Vortrag auf der Dritte und Fünfte haftete: so konnte gegenwärtiges Gesang keine schicklichere Töne wählen als die Fünfte und die Siebente, wenn sie anderst noch scheinen soll, jene Leidenschaft mit empfunden zu haben, die zunehmen muß.

Nun ertönt der nämliche Vortrag im Munde der Amalie 37) Dornal wiederhohlt ihn 38). Hier wird dem Zuhörer nicht mehr Zeit gelassen, u Sähnen; denn die zwei Erklärungen folgen einander hitzig, ohne, daß ein Ritornell sie vermittelte.

Man muß nicht glauben, daß jene grose Ueberraschungen, die dem Parterre so auffallend sind, oder jene Eliesienmäsige Täuschungen, die den Zuhörern beinahe den Athem benehmen, in einer künstlichen Combination, in einem gelehrten Gewebe bestehen.

Nein! Ein manchesmal beim rechten Zeitpunkte angebrachtes Forte und Piano, Kleinigkeiten, die ein Unkündiger mit Verachtung übergieng, sind von der kräftigsten Wirkung.

Zum thätigen Beispiele kann gegenwärtige Erhebung der Stimme 39) bei einer schröck- und zärtlichen Empfindung und der contrastirende Abfall

fall 40) bei einer gleichsam ohnmächtigen Aeusserung des durchdringlichsten Schmerzens dienen.

Die Empfindung ist so einnehmend, daß sie bei schwachklopfender und sich mit Tod sträubender Pulsader (ein glücklicher Ausdruck der Bratsche) in der süssen Erinnerung 41) schon mit gebrochener Stimm 42) 43) ihre letzte Willensmeynung eben so daher lallen, als wenn die Augen halb erloschen wären. Pictoribus atque Poëtis!

44) 45) 46) 47) Die Summe der Leidenschaft muß beim Schlusse erst geltend und eindringend werden.

Von der zweiten Arie
des
Sklavenhändlers.

Diese Arie ist eine bloße Freudensbezeugung über den glücklichen Fortgang seines Sklavenhandels.

Die Trommeln, Teller und Triangeln sind zu seiner aufbrausenden Empfindung nicht unschicklich. Da hier viel Komik einschlägt: so wird es

man-

manchem Tonschüler zum Nutzen gereichen, folgende Anmerkungen wohl zu überdenken.

Gleichwie das Betragen eines alten Deutschen sich himmelweit von jenem des französischen Petitmaitre sondert: so karakterisirend müssen unsere serieuse und komische Musiken seyn.

Der Gang eines gesetzten Mannes ist ernsthaft: deswegen muß der Baß sehr ernsthaft mit wenigen Noten daher prangen; der Galante aber tänzelt, er wischt die trockenen Hände immer, seine Schwätzereien sind flatterhaft ohne Zusammenhang: also darf in keine komische Musik ein langer fliesender Sinn kommen; sondern er muß kurz, nicht tiefgedacht oder zusammenhangend, sondern immer abgestutzt seyn.

Deutlicher. Mehrere Töne sind dem serieusen angemessen, aber keine Wiederholungen. Diese Wiederholungen entstehen davon, daß mehrere Noten auf den nemlichen Tone herumhüpfen: also gewinnet der Ausdruck durch mehrere Töne, besonders im Baß ein Ansehen.

Das Dupfen der Noten ist dem komischen eigen, aber das prächtige und verachtungsvolle Abstosen nicht: also wird die Musik, wenn der Baß tändelnd sich beweget, scherzhaft ausfallen.

Wer noch diesen Kenntnissen, die blos auf das Gesang und die Bewegung ihren Einfluß haben, auch die Tonwissenschaft, nemlich die Gründe beigesellet, warum jene Harmonie verwandter, eine andere entlegner ist; dieser kann dem unkündigen Vorurtheile Trotz biethen, welches also lautet: daß kein Tonsetzer in beiden Stilen verhältnismäßige Schönheiten hervorbringen könne, gleichsam als wenn ein praktischer Redner nicht sowohl den geistlichen Kanzelstil, als jene Art auf dem profanen Rathhause dörfe inne haben.

Die Bewegung gegenwärtiger Arie stellt eine Freude eines Mannes vor, der eben nicht Bescheidenheit genug besizt, sie zu mäßigen, und es ist nicht zu viel gesagt, wenn man dafür hält, daß jener Ausdruck hier in Tönen vorkömmt, dessen sich gemeine Leute bedienen:

Das Herz hupft mir vor Freuden.

So monotonisch der Plan gegenwärtiger Arie in Ansehung der Hauptklänge ist: so abstechend ist die Harmonie des weichen Fis 1) da der Baß immerfort auf dem nämlichen Fleck tänzelt, die Geigen in trocknem Achtenverhältnisse fortwandern, und stets ein Hauptklang anhält: so wird der Ausdruck niedrig und komisch, so niedrig und so komisch

misch wie der Schauspieler, den wir vor uns sehen. Diese Harmonie führt zur Frage an 2) wie viel sind. ꝛc.

Eine 3) zwei 4) drei 5) und zuletzt 6) vier Stimmen antworten ihm und jauchzen mit springender Bewegung.

Man glaubt die Aeusserung ihres Vergnügens dadurch zu hören, da sie sich umarmen 7).

Dann bekömmt er Zeit zum Lachen von 8) bis 9).

Die rasche Freud übermannt ihn 10) die Hauptklänge sind immer die nemlichen verwandtesten: D, A, E. Eben so, als wenn ein niedrigdenkender seinem Freunde eine übermäßige Freude mit beständiger Wiederholung und stäten Erzählung des nämlichen unter lautem Jubelgeschrei äussert. Dieser Ton ist der Ton eines Bouffon oder etwas pöbelhaft.

Die Geigen mit ihrer rasenden Aufwallung und mit der aufbrausendsten Begleitung in allen Stimmen schildern nichts, als einen freudigen Unsinn.

Wären doch die lärmenden Geigen mancher jungen Tonsetzer, deren ihre ganze Stärke mehr im Getöse als Harmonie besteht, an solche bestimmte Plätze angebracht: so dörfte man nicht den Verfall der feriuefen Mufik in den meisten Bühnen Europens beklagen.

Wenn aber in den Kirchen bei den ernhaftesten Ausdrücken, bisweilen bei den Worten Kyrie eleison, Herr erbarme dich, eine gleich frech musikalische Betäubung ertönt: muste da nicht ein gewisser grofer Geist zu einem etwas harten Ausdrucke verleitet werden: questa è una musica lasciva!

11) Die Ausweichungen in den Haupton des zweiten Theils in das weiche E, gleicht einer Vorbereitung zum Recitativ.

12) Der in Ansehung der Hauptklänge und Bewegung sehr trockene zweite Theil schildert ein unempfindsames Herz, dessen grimmigem Geize keine Zärtlichkeit von irgend einer Vorstellung Einhalt thun mag.

Die zwei Harmonien 13) und 14) erzielen gewiß ihre Absicht.

15) Ganz unvermuthet erscheinen etwelche ausgeschnittene Flekger des ersten Ritornell und dienen sehr schicklich zur Vermittlung.

Damit ein Lehrbegieriger Tonschüler sich einen deutlichen Begriff vom serieusen und komischen oder vom Kirchen- und Opernstile verschaffen könne; sind die Hauptzüge dieser Arie anderst eingekleidet fig. 2. nach vollendeter Arie zu finden.

Wie

Wie jeder Schlag sei umgeschaffen worden, und auf welchen er sich beziehe, wird durch die an beiden Orten gleichmäßig beigesetzte lateinische Buchstaben hinlänglich erklärt. z. B. Der Schlag wo das a) in der Arie steht, ist opernmäßig, bourlesque, und jener Takt f. 2. wo das a) hinter der Arie steht ist streng, kirchenmäßig und hat diejenige Melodie und Harmonie; der Unterschied besteht in der Bewegung.

Ueber das Terzett.

Man könnte eine Preisfrage aufwerfen, ob es möglich seie, im nämlichen Gesange serieuse und komische Rollen zu verbinden, und mit derselbigen Verbindung sanft - zärtliche und wild freudige Ausdrücke zu bestimmen. Hierauf dient zur thätigen Antwort und zum überzeugenden Beispiele gegenwärtiges Terzett.

Hassan ist gerührt über die erwünschte Gelegenheit, seinen eignen Befreier, durch dessen Großmuth er einst der Sklaverei entkam, einen wesentlichen Dienst zu leisten.

Dornal beklagt seine Trennung von Amalien. Kaleb freuet sich wegen dem bevorstehenden Gewinn.

Ein

Ein jeder soll die Sprache seiner Leidenschaften reden, keiner darf dem andern hierin gefällig seyn, daß seine Empfindung dem Ausdrucke der gegentheiligen Regung etwas nachgebe: deswegen wird die Harmonie wechseln, wie der Vortrag; und beim Gesang zweier oder dreier die Bewegung der Noten jeder Person ihre eigene seyn.

Nun zum Werke.

Der Eingang dieses Stückes ist sehr rührend.

Nach einer lärmenden Arie, fangen die Clarinette, der Fagott, die Waldhorne ganz schüchternd 1) an.

Die gedämpfte Geigen gesellen sich sehr freundschaftlich zusammen. 2)

Nach und nach tritt auch die Bratsche 3) und der Baß 4) ein. Die gleichförmige Bewegung des Basses 5) und der ersten Geige 6) hinunter zu mit Dritten; der zweiten Geige 7) und Bratsche 8) hinaufzu mit Dritten stellen eine edle Mischung von Farben vor. Dergleichen Sätze flößen dem Zuhörer Erwartung ein.

9) Nun gewinnt das Gesang Kräfte, und nähert sich einer Ruhe, die am schicklichsten auf dem fünften Tone haftet 10) damit der zweite sanfte

Vortrag 11) täuschend zum Ohre und vergnüglich zum Herzen wirke.

12) Da die ganze Begleitung harmonisch anhält; (was kann angenehmer seyn als der Wechsel vom ersten in fünften, vom fünften in ersten) so stellt die erste Geige eine wahre freundschaftliche Vereinigung vor; wenn man die Augen zudrückt, so hört man deutlich, wie sie einander umarmen, und Hassan um Dornals Brust seine Arme schlingt.

13) Die Blasinstrumenten wiederholen zärtlich das vorige Gesang.

14) Die Bewegung verläßt ihr sanftes Geleis, die Harmonie entfernt sich von der gelinden Tonfolge, als Hassan einen Blick auf das vorgegangene Uebel wirft.

15) Wie sich die Worte ändern, eben so ändert sich das Bild.

Man muß sich niemal an grammatikalischen Ausdruck halten oder zum Gesetz wählen, Wörter auszudrücken, sondern nur den Sinn. So kann man gar selten einen negativen d. i. verneinenden Vortrag wohl schildern, z. B. die Ruhe eines Verzweifelten, der sie zu missen klagt. Desto gröserer Verdienst ist es aber, wenn jedes Wort so bedeutend wird, daß es an und für sich nicht stumm ausfällt, und die Vereinigung mehrerer

bedeu-

bedeutender Wörter ein vollkommenes Bild vorstellt.

Damit das Gesang des Haſſan erhabener werde, und dadurch das komiſche vom Kaleb noch mehr contraſtire, ſind Nachahmungen 16) und verſchiedene Zierlichkeiten 17) angebracht.

Dieſer Zuſatz geſchahe blos dem Sänger zu gefallen 18). Nach dem zärtlichen Schluſſe 19) folgt, nicht ohne kräftige Wirkung ein etwas rauhes Zwiſchenſpiel 20) um die Trennung vom Vaterlande auszudrücken. Die Hauptklänge 21) irren in verſchiedene Tonarten 22) herum, die ſie mit merklicher Unbeſtändigkeit 23) verlaſſen, bis ſie ſich in einen gewiſſen Ton im Es gleichſam niederlaſſen, 24) und ob es ſchon der Geburtsort, das B nicht iſt: ſo nehmen ſie das Es hiefür an, und wiederholen hierin das Geſang auf eine reitzende Art, 25). Nicht minder täuſchend iſt die Stelle 26) die in allen Parthien nach einem etwas unruhigen Begriffe ſich ſpühren läßt.

Sollte jemanden vielleicht dieſer Vergleich etwas hart vorkommen: ſo dörfte mit der Zeit eine genauer beſtimmte aus der Tonſchule gezogene und weitläuftig behandelte Tonſippſchaft den Bezug der Harmonik auf die Moral noch deutlicher erklären.

Die-

Diese Wiederholung 27) hat mehrere Vortheile. Erstens ist sie bedeutend; weil hierin die Stärke des Ausdruckes bestehet. Zweitens dient sie zur Ordnung, um ein richtiges Metrum herzustellen. Drittens gewinnt das Gesang hiedurch ungemein.

Die Blasinstrumente ahmen dem vorhergehenden Gesange sehr empfindsam nach 28), sie haben aber die Contrabässe und Violonzellen 29) zur Begleitung nöthig. Zu merken ist, daß auf den Waldhornen durch die Kunst den natürlichen Tönen noch verschiedene beigesezt werden, die sonsten in ihren harmonischen Steigzahlen nicht begriffen wären. Der Secundarius z. B. bringt durch die Mäßigung des Athems unter dem C noch das H ziemlich deutlich heraus, ebenfalls das tiefe F, und dieses deswegen, weil das C gemäß den Gründen der Tonwissenschaft wie eine Verwandtschaft mit dem G, so eine umgekehrte Anspielung auf das F hat. Das H war vorher 13) im zweiten Waldhorne mit vorgekommen. Hier aber, da man weder in der Abtheilung, wo ihm E natürlich das F, noch in jener, wo ihm das F glücket, ein E finden kann, müste man zur Grundstimme auf das Waldhorn verzeihen.

Zum Ausdrucke einer grosmüthigen Gesinnung 30) ist eine edle Harmonie 31) die 3, 4, 5, 6, schon vorgespielt wurde, nicht unschicklich.

D   Ganz

Ganz kläglich, im betrübten 32) ohnmächtigen 33) und sinkenden Tone 34) antwortet Dornal. Hier fällt 35) die komische Aeusserung des Sklavenhändlers ein. Hassan stört sich aber nicht daran: er wird es auch in seiner heftigen Empfindung noch weniger gewahr, und führt sein Gesang 36) fort. Wieder ein komisches Zwischenspiel 37), und hierauf erscheint die menschenfreundliche Gesinnung des Hassan 38) in ihrem völligen Glanze, da alle Blasinstrumente 39) ohne den gewöhnlichen Bogeninstrumenten das Gesang allein begleiten und unterstützen. Dornal trit 40) bei, und nun scheint dieser Vortrag etwas mehr zu herrschen, bis endlich Kaled anfängt, eben so frei und aufbrausend 41) mitzuschwätzen, als unaufhaltsam die zwei seriösen Personen mit Empfindung der rührendsten Zärtlichkeit im gesezten und pathetischen Tone 42) ihre von Leidenschaften überschwemmte Herzen 43) auszuschütten.

Die glücklich in allen Stimmen 44) 45) 46) 47) 48) 49) wieder angebrachte Nachahmungen; die natürliche Sprache des Herzens die Dornal führt 50); Hassans beständige Danknehmigung 51); die ungekünstelt mitscherzende Gewinnsfeierlichkeit eines geizigen Kaufmanns 52); die zu der Summe ihrer Gesinnungen bestimmte Aeusserungen aller drei Per-

Perſonen 53′, 54); die mit Beibehaltung des Sinnes willkührlich vorgenommene Verſetzungen der Worte; die hiebei bedächtlich zum Aushalten gewählte a; die ungezwungene und auf voriges ſich beziehende Cadenze der drei Sängern und aller Blasinſtrumenten, welche durch einen überraſchenden Einfall des ganzen Orcheſters nicht ſowohl unterbrochen, als geendigt wird; kurz, alle dieſe Anmerkungen zuſammengenommen zeigen: wie eine mathematiſche Theorie mit einer philoſophiſchen Praktik zu verbinden ſey.

Ueber die Arie des Dornals wollen wir wenig ſagen, ſondern die Zuhörer empfinden laſſen. Eine bei kühlen Lüften ſüß duftende Roſe iſt die Schilderung, die gegenwärtige romantiſche Arie übernimmt.

Man höre ſie, und wenn der Sänger ſie empfindſam genug, nicht luſtig, aber auch nicht ſchläfrig vorträgt, die Flöten in der Höhe düften, die Waldhorne ſanft mitbrummen, die Violin auf dem Griffbrette vom concertirenden gambamäßigen Violonzelle unterſtützet miſäuſeln, und alles auf dem Punkte zuſammenwirkt — dann urtheile man.

Das Ritornel enthält einen Rondo, den nachmals im Jahre 1771 unſer Meiſter, als er dem berühmten Geiger Cramer ein Violinconcert componir‑

ponirte, auf deſſen Verlangen zum Rondo in das Concert einſchalten muſte.

Ueber den Vaudeville.

Was in ſerieuſen Balletten der Chacconne, im Komiſchen der Contredance, in groſen Opern der Chor heiſt, das iſt in den Operetten der Vaudeville.

Ihr Gegenſtand kann niemals eine tragiſche Handlung ſeyn. Unter den Rollen erſcheint auch kein Kaiſer oder König. Der Ausgang iſt meiſtentheils eine freundſchaftliche Verſtändnis oder Eheverlöbnis, welcher das ganze Dorf, die ganze ländliche Nachbarſchaft ihre frohe Zurufungen weihet. Es könnte alſo, wenigſtens wahrſcheinlicher Weiſe der Urſprung dieſes Worts die Stimm der ganzen Stadt, la Voix de la Ville bedeutet haben. Gleichwie die Weltweiſen für die größte Wahrheiten jene halten, die der Senſus Communis beſtimmt, wovon ein gemeines Sprichwort entſtanden iſt Vox populi - Vox Dei. Dieſe beſondere Art von Geſang, von Tanz, auch von Gedichten mit ſo vielen kleinen abgeſtuzten Theilen leitet Rouſſeau Dict. de la Muſique pag. 531 von einem gewiſſen Baſſelin her, der es in Vire in der Normandie erfunden haben ſoll: woher die Benennung entſtanden iſt, den Tanz

Tanz vom Thal in Vire tanzen, das Gesang vom Thal in Vire singen, und endlich diese Art Val de Vire, durch Corruption der Sprache Vaux-de-Vire, und zulezt gar Vaudeville genannt worden.

Wir kehren von unserer Abweichung wieder zum Hauptsatz und es liegt uns ob, wie bisher, alle Kunstgriffe zu entdecken, und zur Verfertigung gleicher Stücke den sichersten Weg vorzuschlagen.

Es wird im jeden Rundgesang (wie es übersetzter lautet) über die nämliche Melodie von allen Hauptpersonen eine Stroph gesungen, und gleichet daher einem förmlichen Liede.

Der Umfang des Sopran und des Tenor gleichen einander, jener aber des Basses und des Alt sind sehr von den zwei vorigen unterschieden. Es war daher sehr schwer, ein so eingeschränktes Gesang zu erfinden, das dem Sopran nicht zu tief und dem Baß nicht zu hoch ausfalle. Wechselweis nach dem gedruckten Buche singt jede Stimm 1) 2) 3) 4) ihre Strophe: Der Vers ein gutes Werk wird von einer jeden ins besondere vorgetragen, und dann vom Chor 5) wiederholet; und dieses heißt der Refrain, sonsten Versus intercalaris. Hier verdienen noch die vier einzeln Gesänge wegen ihrer besondern Wirkung im Ganzen eine Anmerkung.

Dieser Refrain wird das viertemal ausgelassen, und statt dessen tritt der Chor ein. Nun geht der Meister vom Liede ein wenig ab 6), um sich nicht im Niedrigen zu verliehren, und schaltet etwas serieuses ein; denn die Moral, die allen Menschen zugerufen wird, konnte in einem gemeinen Gewande nicht erscheinen.

Liebelächelnd und freundschaftlich scherzend ist diese Trennung des einfachen Vortrages. Alle Instrumente wetteifern, um das Thema vom Versu intercalari oder dem gemeinschaftlichen Endspruche immer 7) 8) 9) vernehmen zu lassen.

Die Wirkung hievon läßt sich nicht so wohl auf dem Papiere einsehen, als im Theater hören.

Die Worte: die süseste Zufriedenheit, worinn der ganze Ausdruck haftet, sind noch zuletzt 10) mit Kraft wiederholet worden.

Von den zwei brillanten Arien, die nachdem erst eingeschaltet worden, als schon der Text gedruckt war.

Man ist nicht gewohnt in den komischen Operetten conceitirte Arien zu hören.

Ge-

Gegenwärtige Oper ist sehr erhaben, und die Vorstellung keine niedrige Komik. Die Haupthandlungen quellen alle von edler Menschenliebe. Zudem mußte denen geläufigen Kehlen unserer Hofsängerinnen, der Mössle Straßer jetzo Mad. Fischer und der Mölle Weber auch eine Weide verschaffet werden.

Bei der ersten Arie verdienen die verschiedene Versetzungen, die immer auf eine mannichfaltige Art das nämliche sagen, eine vorzügliche Bemerkung; denn statt der öfteren monotonischen Wiederholung derselbigen Worte kann man nur glücklich seyn.

Steht einmal: kann man nur glücklich
das andermal: durch dich allein
das drittemal: nur durch dich kann man glücklich seyn.

Beide Arien enthalten Bilder.

Die erste Arie der Zayde schildert sehr glücklich die Liebe und setzt zum Contraste der sanften Liebe, die Meereswellen, womit sie ihre Paßagen anbringt, und zulezt fällt sie wieder ins sanfte und wiederholet den ersten Theil.

Die Arie der Amalie enthält sehr viele Schilderungen, und besteht aus drei Theilen, der erste Theil ist der Rondo, worinn sie schon ihre künstliche Läufe beim sehr schicklichen Bilde durchströmet auszukramen Platz findet. Der zweite Theil läßt die Hoboe unter den düstern Gewitterwolken, wie ein heiterer Blick der Sonne durchstrahlen: Im dritten Theil wird eine sanfte zum Einschlummern einwiegende Ruh gemalt, die die Amalie im Arme ihres geliebten Dornal zu finden glaubt, und auf diese tritt unversehens die entzückende Wonne ein.

Ueberhaupt finden sich in dieser Operett starke Stellen vor, die mehr Nahrung dem Geist und Unterhaltung einem gebildeten Ohre verschaffen, als man sonst von dergleichen Stücken erwartet.

Man sieht hieraus, daß ein Tonlehrer auch im komischen Geschmacke seine blühende Erfindungskraft weiden wollte; weil man bisher geglaubt hat, daß die unschmackhafte Musik Kirchenstil sey, und daß die vernünftigen Tonsetzungen dem Ohre niemal schmeicheln könnten.

Freilich sind die Arien keine Lieder (Canzonette, Chansons) die mit ihrer Monotonie und immer tändelnden Gang leicht Ueberdruß und Ekel erwecken; weil nebst einem leichten und fliesenden Gesange, bei einer unbedeutenden Tonfolge und leeren Harmonie nur ein vorübergehendes Vergnügen bisher der Endzweck zu seyn schien, und

im

im Grunde auch die Vergänglichkeit das abgenuzte Alter von einem einzigen Winter für diese Wahrheit hinlänglicher Bürge gewesen ist.

Hier sind die Grundsätze erläutert — Höret — erweget nur, ob das Herz fühle, was der Kopf bewiesen hat.

Etwas von Läufen fürs Clavier.

Auf der letzten Seite der Arie Schöner ist die Rose nicht ist ein Entwurf von Läufen fürs Clavier angebracht. Der Lauf, so künstlich und schwer er auch immer scheinen möchte, läßt sich nicht nur im C und den damit verwandten Tönen ohne grosse Mühe lernen, sondern auch in alle mögliche Töne übersetzter anwenden.

Er sagt nichts anders, als daß er jedem zur Harmonie gehörigen Tone an und vor sich gerechnet seinen zweiten und siebenten, aber erhöhten siebenten Ton vorsetzt, eh der harmonische Ton folgt.

So bekommen die Töne d h das c die 8 ⎫
f dis e 3 ⎪
a fis g 5 ⎪
d h c 8 ⎪
f dis e 3 ⎬ Zum Hauptklange C
a fis g 5 ⎪
d h c 8 ⎪
f dis e 3 ⎭

d h c 3 ⎫
f dis e ⎪
h gis a 8 ⎪
d h c 3 ⎪
f dis e 5 ⎬ Zum Hauptklang das weiche A
h gis a 8 ⎪
d h c 3 ⎪
f dis e 5 ⎭

Die

Die Töne	b	gis	das	a	die	3	
	d	h		c		5	
	g	e		f		8	
	b	gis		a		3	
	d	h		c		5	Zum harten F.
	g	e		f		8	
	b	gis		a		3	
	d	h		c		5	

	b	gis		a		5	
	e	cis		d		8	
	g	e		f		3	
	b	gis		a		5	
	e	cis		d		8	Zum weichen D.
	g	e		f		3	
	b	gis		a		5	
	e	cis		d		8	

Die

Die Töne	c	ais	h	3
	e	cis	d	5
	g	e	f	7
	c	ais	h	3
	e	cis	d	5
	g	e	f	7
	c	ais	h	3
	e	cis	d	5

Zum schlußfallmäßigen fünften Ton mit seiner Unterhaltungssiebente.

Vermittelst gegenwärtiger harmonischen Betrachtung kann man nun in andere Töne fortschreiten, und ohne Mühe die dem Scheine nach verwickeltsten Läufe herausbringen, wenn man auf dieselbige Art, wie hier im erklärten Beispiele geschehen, zu Werk geht.

Die beigesetzten Ziffern zeigen, wie man die Hand wenden und drehen müsse, um die äusserste Gleichheit immer bei allen sprungweis angeschlagenen, und 4 Töne weit entlegenen Tasten beizubehalten.

Diese Läufe geben auch noch zu allerlei Clavierübungen Gelegenheit; denn statt, daß wir jetzo Triolen

len haben, so könnte man zu vier und vier den Lauf gar leicht ausdehnen, wenn der harmonische Ton in die Mitte zu stehen käme, und es nicht mehr   d   h c,
sondern d c h c hieß, und die Form eines nach und nach aneinander gekettet laufenden Mordenten vorstellte.

Anmerkungen
über die folgende Versetten
aus dem
Stabat Mater
und
über die gegenseitige
Verbesserung.

Ueber das siebente Versett: **Eja Mater &c.** welches schon im zweiten Jahrgange erschienen ist.

Die Tonfolge im sechsten Schlage ist zu wenig abwechselnd, deswegen trocken und zu unangenehm. Zu den drei im sechsten Verhältnis stuffenweis miteinander fortwandernden Tönen der Geigen und Bässen c b as
                  Es D C
sind die Hauptklänge C B As
Nun ist es augenfällig, daß wenn nur in einer ein-

einzigen Stimme die Hauptklänge liegen, die Austheilung der Stimmen äusserst monotonisch beschaffen seyn müsse; es können auch gemäs des 51 §. der Tonsetzkunst, wo das Schulbuch alle mögliche Tonfolgen untersucht, zwei nebeneinander liegende weder harte noch weiche Tonarten einander folgen, wie hier B und As, und wegen einer öden Leere von Mittelstimmen fallen diese Sechsten in den äussersten und entblößten Bogeninstrumenten noch deutlicher ins Gehör. Ueberhaupt gründet sich diese Trockenheit auf die Entfernung von aller Schlußfallmäßigkeit, die durch Fünftenweis unterlegte und unvollkommene Hauptklänge, nie aber durch an einanderstoßende Hauptklänge erzielet werden kann. Wir haben in dem sechsten Schlage Uebelklänge gelegt, und sind überzeugt, daß die Wirkung vom dritten Achtel einem jeden Zuhörer und Nachforscher neu vorkommen wird; weil man schon gewohnt ist in dergleichen Fällen z. B. hier die Mittelstimmen stuffenmäßig in grader Bewegung

	c	b	as
	g	f	es
	Es	D	C
Hauptkl.	C	B	As

mit kl. 3. und gr. 5.   mit gr. 3. und gr. 5.

Um

Um sich genauer noch von gegenwärtiger Verbesserung zu überzeugen, so fügen wir drei ähnliche Bewegungen bei, wo aber die Tonfolge nicht wie oben eckelhaft monotonisch, sondern den angezogenen Gründen zu Folge abwechselnd und rein ist.

Hauptkl.	f͇=c͇	es͇=b͇	d͇=as͇	es͇=b͇	d͇=as͇	c͇=g͇	d͇=as͇	c͇=g͇	b͇=f͇
	As	G	F	G	F	Es	F	Es	D
	F	Es	D	Es	D	C	D	C	B
	mit gr. 3. gr. 5.	mit gr. 3. gr. 5.	mit kl. 3. kl. 5.	mit gr. 3. gr. 5.	mit kl. 3. kl. 5.	mit gr. 3. gr. 5.	mit kl. 3. kl. 5.	mit gr. 3. gr. 5.	mit gr. 3. gr. 5.

Hier stehen also niemal zwei Hauptklänge zusammen, die mit gleicher Dritte und Fünfte begabt wären. Das heist, zur sicheren Regel und gründlichen Warnung sey fürs künftige vestgesetzt, daß in der Leiter C D E F G A H, sie mag vom C oder A anfangen, sie mag sich auf die harte vom C oder weiche Tonart von A beziehen, das weiche E und weiche D, das harte G und harte F nicht nacheinander folgen dörfen.

2) Hier entsteht eine Zweideutigkeit, die das Gehör beleidiget. Der Zwischenklang A im Baß könnte beim f͇ in der obern Stimme zur Harmonie

monie gerechnet werden, und scheinen, als folgen die harte Tonarten G und F nacheinander, (obiger Fehler). Wir haben statt des ersten Achtels g das f gesetzt und dadurch die Reinigkeit des Gesanges eben so als der Harmonie zugleich hergestellt, auch das Widrige Zusammenstosen entfernter Tonarten z. B. es   as   a
       c f   fis.
      As D dann D u. s. w.
sorgfältig vermieden.

3) Dieser Schlag ist gar zu leer und unbedeutend, wir haben der Bratsche Gelegenheit gegeben, auch ihr Gesang geltend zu machen, und hiedurch wird das Ritornell an das Solo angekettet.

4) Die Bewegung der mit der zweiten Geige einklängigen Grundstimme, die bald As bald Fis zum stäten g der obern Stimmen hören läßt, ist so widerwärtig dem Ohre, als dem Auge fiel, an einem wohlgebildeten Menschen dreierlei Rothes zu sehen. Wer die Abhandlungen groser Mathematiker kennt, worinn die Farben mit der Tonleiter verglichen worden, findet hieran gewiß keinen Anstand. In diesem Fache zeichnet sich eine gelehrte kurze Schrift eines P. Sacchi von Mailand aus. Wir haben alles geschwülstige abgeschnitten, und

        E   das

das Einfache im Gesange sowohl als Harmonie dadurch befördert, daß eine sanfte Mittelstimme mit den zwei ersten Schlägen dieses Versetts, die vielleicht gar vergessen wären, auf eine rührende der Liebetrauernden Theilnehmung eigene entsprechende Art, sich unterhält und gleichsam spielt.

Wir vermuthen, daß unsere Leser nicht nur 5) 6) 7) 8) sondern viele ungenannte Verbesserungen auch von selbsten entdecken werden, und da die beiden zwei Fugen, die unser Meister vierstimmig gesezt hat, zur eigenen Abhandlung vom gebundenen Stile bestimmt sind: so gehen wir zum neunten Versett über.

Vom neunten Versett

Sancta Mater &c.

Der instrumentalische Eingang wird meistens aus dem Gesange der Hauptstimme gezogen, damit das Ohr vorläufig dazu bereitet werde, und das Vergnügen bei der sanften Wiederholung desjenigen Satzes, der vorher noch vorgetragen war, immer mehr zunehme. Wir müssen also hier vom Solo anfangen zu sprechen, um
un-

unsere unvermeidlich gewordene Verbesserung ins
Licht zu stellen.

Die Singstimme trägt im Aufschlage pag. 2.
i) dasjenige vor, was die Geigen im Niederschlage hatten.

Der Period Sancta Mater ist von anderthalb
Schlägen, der folgende zwar von zwei ganzen,
aber nach den aushaltenden Noten des vorigen zu
verzerrt in Ansehung der Töne; zu verwirrt wegen den Punkten; zu ungleich in der Bewegung;
denn erstens, obschon die Siebente des siebenten
Tones keiner Vorbereitung bedarf: so ist sie doch
l) unerträglich, wenn sie als ein Wohlklang schon
da gewesen, und darauf von einer anderen Stimm
ganz frei angeschlagen wird (61 §. Tonsetzk.)

Zweitens die Punkte m) fallen auf die Zwischenklänge g und b; auf die Zwischenklänge c und
as, n) anstatt die Hauptnoten zu treffen.

Drittens ist dem Gehör unausstehlich, in
nämlichem Geleise, wo alles fließen sollte, von einem so gähen Abstande der Bewegungen, ohne
den geringsten Anlaß eines verschiedenen Ausdruckes
plötzlich gestöhrt zu werden. Dieses sollten sich
auch manche Tonsetzer tief im Kopfe einprägen, die
verschiedene und verwirrte Bewegungen soviel als
möglich zu vermeiden, damit sich nicht jenes er-
äugne

äugne, wie an einem gewissen Orte, wo in einem Stücke, das immer in Sechzehnteln sanft daher rieselte, durch eine gähe Folge der Triolen, das ganze Chor in eine Unordnung gerathen ist. Gleiches erinnern wir uns von einer gewissen Arie, wovon das Ritornell so undeutlich abgefaßt war, daß grose Leute bei der Ausführung sich beschimpft, und den Zuhörer in Verlegenheit gesetzt haben, ob es dem Vortrage oder Vorschrift zu Last gelegt werden könne.

Aus angeführten Gründen mußte der erste Period schon im Ritornell um einen halben Schlag verlängert pag. 3. i) der zweite etwas einfacher und richtiger werden. pag. 3. k)

Statt dem undeutlichen und gezwungenen Wesen pag. 2. o) haben wir der zweiten und nachmals auch der ersten Geige pag. 3. l) ein deutliches Gesang m) angewiesen; der kleinen andern Verbesserungen nicht zu gedenken.

Pag. 3. n) Die widrige Bewegung der Mittelstimm ist dem Gehöre sehr angenehm, besonders, wenn sie so einfach und natürlich ist, wie hier.

Auf die zwei Selbstlauter i und u sollten niemal aushaltende Noten fallen; deswegen haben wir

wir anstatt dem Worte istud das vorige mater wiederholet. pag. 3, o)

Pag. 3. p) Die Bratsche bestimmt den siebenten Ton auf eine sehr schickliche Art zum Hauptklange, damit die Harmonie des zweiten Tones des weichen C, die ohnedem gleich q) darauf folgt, nicht eckelhaft werde.

Pag. 4. l) Dieses instrumentalische Zwischenspiel darf sich keinesweges in B endigen, wenn anderst der Contralt dem Sopran so genau nachahmen solle, wie es Pergolese wollte, aus Ursach, daß wir nicht uns ins F, einen gar zu entfernten Ton, verliehren, und die Toneinheit dadurch aufopfern.

Diesen Gründen zu folge sind wir vom B ins Es; vom Es ins As ausgewichen; alsdann wiederholt der Contralt das nämliche Gesang im As, was der Sopran im Es hatte, und gleichwie selbiges sich im fünften Tone B endigte: so schließt sich das Gesang des Contralt im fünften Tone von As, nämlich wie der im Es.

Wiederholen und ausführen sind nicht einerlei, wie manche praktisch glauben. Es war sehr leicht, das angenehme Gesang pag. 2. k) zu wiederholen pag. 4. i). Die Ausführung aber foderte mehr Ueberlegung, worinn das nämliche immer verschiedentlich erscheinen; die genaue Tons- Gesangs und Bewegungs - Einheit mit der wandelbarsten Mannigfaltigkeit untrennbar seyn sollte: und hievon haben wir ein thätiges Beispiel aufzuweisen.

In gegenwärtiger Verbesserung vernimmt man pag. 5. o) p) pag. 5. i) die nämliche Bewegung ja fast immer die nämlichen Töne, und bei dieser genauen Einheit entspringt die mannigfaltigste Ausweichung ins Es, As pag. 5. m) n) und pag. 5. k) ins weiche F, doch so, daß keiner von besagten Tönen dem Hauptone Es widerspreche.

Wir haben uns nicht vorgenommen ein neues Stabat mater zu verfertigen, sondern nur versprochen, über Pergolesens Satz eine Betrachtung anzustellen, das gute gründlich der Nachahmung anzupreisen, das schwache aber ohne Eigenliebe zu verbessern, und die Zöglinge dafür zu warnen. Wir können daher nicht alle Fehler verbessern, die eine ganz neue Anlage foderten, gleichwie diese vom ersten Tone Es ganz abgewichene Wiederholung pag. 4. k) des vorigen Satzes l) ist. Doch haben wir den Period, der wieder aus anderthalb Schlägen bestunde, in zwei Schläge eingeschränkt pag. 5 q) und hiedurch die Ordnung pag. 7. i) hergestellt.

Die Bewegung der Bratsche ist gegen alle Natur. Die blinden Praktiker, da sie das Grose und

das

das Ganze ohne harmonische Kenntniſſe nicht überſehen können, ſetzen aus vielen kleinen Stückgern das Ganze zuſammen, und da man glaubte, die Harmonie entſpringe aus der Melodie, ſo verglichen ſie einzelne Theile nur miteinander, und taumelten ſo fort. Die Bratſche macht mit dem Baß die beſte Wirkung: eben ſo die erſte mit der zweiten Geige, und zuſammen ertönt ein wahres Wirrwarr. Hätte die zweite Geige den ganzen Schlag hindurch a; ſo wäre der Baß richtig; bekäm ſie aber b ſtatt as: ſo wäre die Bratſche harmoniſch. Gemäs dieſen gründlichen Anmerkungen iſt nun unſere vierſtimmige Harmonie ſo bündig als angenehm abgefaßt

(14 §. der Tonſetzk.)

und die Folge des ſiebenten Tones E mit der verminderten Siebente Des pag, 5. r) im vierten Achtel nach dem fünften Tone C mit der groſen Dritte und Unterhaltungsſiebente b in dem dritten Achter pag. 7. r) eben ſo s) des ſiebenten Tones A mit der verminderten Siebenten Ges nach dem fünften Tone F mit der Unterhaltungsſiebenten es muß den weinenden Ausdruck auf eine ſehr rührende Art befördern. Pag. 7. k) Die Sopranſtimme ahmt dem Contralt hier ſehr ungezwungen nach. Die dreiſte

Erhebung der Stimme trägt zum gegenwärtigen Ausdrucke ungemein viel bei. Das einfache Aushalten der Instrumente ist so angenehm 1) als glücklich die Austheilung in Ansehung ihrer Entlegenheit gerathen ist. Ein neuer Beweis, daß die Gründe, die von den Verhältnissen entlehnt sind, nicht nur schön im Munde eines theoretischen Redners klingen, sondern auch auf das ungebildeste Ohr ihren praktischen Anspruch haben.

Bekannt ist, daß alle Umwendungen der Unterhaltungssiebente dem Gehöre angenehm vorkommen, aber eben so unwidersprechlich lehrt uns die Erfahrung, daß z. B. beim fünften Tone C keine Lage bessere Wirkung mache, als wenn die Stimmen folgendermaßen entfernet sind.

Pag. 6. § 2) b $\frac{1}{7}$ das Siebentel
             e $\frac{1}{5}$ das Fünftel
             g $\frac{1}{3}$ das Drittel
             C   1   das Ganze.

Und warum? Hierauf antwortet die Tonwissenschaft, daß der Hauptklang das Ganze, das g das Drittel, das e das Fünftel, und das h das Siebentel sey. Sie zeigt, daß diese Zahlen lauter harmonische Antheile seien, die in gleicher Entfernung liegen; denn gleichwie zwischen dem Ganzen

und

und dem Drittel die Hälfte liegt: so liegt zwischen dem Drittel und Fünftel das Viertel, und zwischen dem Fünftel und Siebentel das Sechstel. Da nun zwischen den harmonischen Zahlen noch dazu eine solche harmonische Verhältnis herrschet: so darf man sich gar nicht wundern, daß diese Lage der Töne dem Gehöre zum Vergnügen gereiche. Dies sind Gründe, deren Anwendung schon längst die Baumeister in Ausübung gebracht haben, und beweisen, daß diese Verhältnisse eben dasjenige dem Auge in der Baukunst, was dem Ohre in der Tonkunst vorzustellen im Stande seien.

Wenn die Siebente einen Vorschlag bekommt: so ist dieser jederzeit die Achte zum Hauptklange; wird die Siebente vermindert: so liegt sie weiter von der erhöhten Achte, als die Natur des Vorschlags erfodert. Denn die erste Achte zur verminderten Siebente gleicht einer kleinen Dritte.

Wir sind also gezwungen die verminderte Achte ihr beizulegen, pag. 7. m) Woran die Bezifferung der Grundstimm n) die sich nur an die harmonischen Töne hält, nicht den mindesten Antheil nimmt. Mißkennend diese Zergliederung sind viele schon auf einen irrigen Satz gerathen, als ob zur Harmonie auch verminderte Achten zu zählen wären, besonders, da dieser Vorschlag auf die

Art der Uebelklänge vorbereitet, angehalten, und aufgelöset werde.

Wir sehen also, daß ohne feste Grundsätze das Gebäude immer schwanke, und daß ohne eine kettenmäßige Herleitung, wie in der kurpfälzischen Tonschule 142 S. geschieht, der wesentlichste Unterschied zwischen Vorschlägen, Nachschlägen, Zurükhaltungen und Uebelklängen, die nur allein in berührtem Falle aufhören zweideutig zu seyn, niemal deutlich eingesehen werden kann.

Pag. 7. o) So werden die Solo miteinander enger verknüpft. Ein Zug der nur mitten und zu Ende des Stückes anzubringen ist. Die Wälschen nennen es Stretto, wenn diejenigen Sätze, die vorher einander ganz gelassen nachfolgten, vor dem Schlusse gedrängt in einander gewoben werden. Auf eben die Art, wie der Redner nach den Beweisen alle Fragen und alle Antworten, überhaupt den ganzen Gegenstand seiner Abhandlung kurz zusammen fasset und wiederholet; denn es muß die Rede durch den Gang immer zunehmen und wachsen, nach jenem lateinischen Sprichworte: Oratio crescit eundo.

Pergolese hat pag. 4. m) n) das Gesang abgeändert, und fünf Töne höher steigen lassen, statt daß es im Anfange um vier Töne gefallen ist.

pag. 2. i) Hierdurch wird der Eintritt das wirksamste bei einem etwas gebundenen Stile ganz verstellt. Es leidet auch der Umfang beider Singstimmen darunter. Sie müssen in den höchsten Tönen Wörter aussprechen; so wird der Sinn verstümmelt und beim andächtigen Gesange die Stimm überschrien. Möchten doch manche jetzige Tonsezer auch diese Warnung annehmen. Kann nicht jeder Redner im Umfange höchstens von sechs Tönen seine Fragen beantworten; das Sanfte, das Hitzige u. s. w. ausdrucken? Warum muß denn in jedem Recitativ, auch im ersten Vortrage des Sinnes bei der Arie die Stimm herumhüpfen, wie die Frösche in ihren Lacken? Ist es vielleicht künstlich oder gelehrt die Natur verläugnen?

Wir haben pag. 7. p) Der Contralt - und q) der Sopranstimme ein Gesang angewiesen, das beider Stimmen Umfange und obigem Vortrage gemäs ist.

Die ohne Vorbereitung frech hingeworfene Neunte ist dem Ohre eben so unangenehm, als schröckliche unnatürliche Vorstellungen dem Auge.

Pag. 9. i) Wir haben ohne dem Stücke nachtheilig zu seyn, eine Nachahmung von den Gäigen für schiklich gehalten. Nun bleibt die Bewegung

im

im Geleise unverrükt, dann kann die Singstimme wieder ordentlich im Niederschlage eintreten.

Pag. 6. k) Die erste Sylbe vom Worte præclara wird im gegenwärtigen Verse der Lage gemäs kurz, und muß im Aufschlage gesezt werden pag. 9. k)

Pag. 6. l) Diese Nachahmung der zweiten Geige ist mit Haaren herbei gezogen, und verursacht mehr Unordnung, als daß sie überraschen sollte.

Wir müssen nicht fürs Auge sondern fürs Ohr schreiben. Wenn schon die Bewegung, der Sprung u. s. w. zu gleichen scheinen: so findt sich doch bei der Untersuchung der Harmonien, die nach unserm neuen wissenschaftlichen Sisteme vom einzigen und sichersten Probiersteine dem Hauptklange ihre Bestimmung erhalten können, daß hier und da für die Nachahmung kein Platz ist. Tausend solche Fehler sind im gebundenen Stile z. B. in den Fugen anzutreffen, wo mancher alle seine Kräfte verwendet, nur Nachahmungen, Eintritte, Gleichungen, wie unkenntlich und verzerrt sie auch immer seyen, wie die Keile, einzuzwingen. Dieser Uebergang pag. 6. l) kömt schicklicher der Singstimme zu; weil es überraschender ist, wenn eine neue Stimm pag. 9. l) schon wieder eintritt, eh die andere geschlosschlossen, besonders zu Ende eines Stücks, wie schon gemeldet worden.

Pag. 6. m) Hier äussert sich ein doppelter Fehler, 1) daß die Ausweichung zu weit entfernt ist, 2) daß zum Ende noch B, als ein Hauptton erscheint, wodurch das Gehör aus aller Verfassung gesetzt wird. Wir glaubten daher den ersten Fehler, der bei gegenwärtiger Anlage unvermeidlich ist, lieber zum Besten zu wenden, dadurch, daß pag. 9. m) wir den ganzen Period in den Hauptton übergetragen und die folgenden Sinne n) mehr vereinigt haben.

Wenn der Hauptklang F vom Grundtone As, die Siebente es mit sich führet pag. 6. n). so muß sie erst aufgelöset werden, eh folgender Hauptklang Es sich hören lasse, wozu das hohe es die Achte also ein Wohlklang ist.

(der Tonsetz. 16. §.)

Es wäre schade, wenn jenes schöne Gesang pag. 4. i) nicht zum endlichen Schlußfalle pag. 9. o) angewendet würde.

Die Uebelklänge, wenn sie pag. 9. p) wohl vorbereitet, angeschlagen, und aufgelöset sind, dienen vorzüglich zum partheischen Ausdrucke und bringen in der Kirchenmusik, besonders bei den Schlußfällen die beste Wirkung hervor.

Pag.

Pag. 6. Ein zwar alltäglicher, aber dem Gehör höchstmißfälliger Schluß. Entweder betrachten wir von gegenwärtigen acht Sechzehntheilen o) das erste, dritte, fünfte und siebente, als geltende Töne, und das zweite, vierte, sechste, achte als Nachschläge, wie auch Zwischenklänge; oder nehmen wir p) das zweite, vierte, sechste und achte für wahre Töne an, und das erste, dritte, fünfte, siebente für Vorschläge. In beiden Fällen findt sich, daß dieser Gang nicht zu dulten sey, weil jeder eingestehen muß, daß diese Töne nicht zu beziffern sind, und nicht einmal stimmen, wovon selbst ein rohes und ungebildetes Ohr den ungeheuchelten und unpartheischen Ausspruch geben kann.

Vom zehnten Versett.

Die Schreibart, wo in einem Schlage zwei stehen, wird deutlicher, wenn man sie sondert. Hiedurch haben wir pag. 11. i) ganz leicht der Unordnung abgeholfen, welche darinn bestund, daß das erste Solo sich im halben Schlage pag. 10. i) endigte und das Ritornell im Aufschlage eintrat. Wenn auch das Versehen eines Tonsetzers gegen den Rithmus zu schreiben von den Zuhöhörern nicht könnte bemerkt werden: so wär es nur darinn zu vermeiden, daß alle Spieler sich den grösten Zwang anthun müssen, um nicht in die schändlichste Verwirrung zu gerathen. Nur derjenige, der Kenntnisse von dem Hauptklange besitzt, und hiedurch die Lage und Folge der Töne deutlich übersieht, ist im Stande sich mit Sicherheit vor dergleichen Fehler zu schützen. Ein hierin gefärliches Vorurtheil hat nicht wenige, ja fast durchgehends die Zöglinge geblendet, daß sie glaubten, es könne keine Musik gelehrt heißen, die nicht ein paar convulsivische Gänge enthielte. Besonders verdient ein nicht seltner Fehltritt hier eine vorzügliche Warnung, der noch um so viel verzerrter war, da man im $\frac{3}{4}$ Takt, worin ohnedem schon eine Ungleichheit der zwei Takttheile, des grosen zu zwei, und der schleppende nur zu einem Viertel herrscht, kein Bedenken trug, solche vermeintliche Contretems d. i. gelehrte Wirrwarr, die in widernatürlichen Verkettungen hafteten, anzubringen.

Wo es pag. 10. k) gar zu trocken war, leistet sowohl unsere Mittelstimme pag. 11. k) die mit einer ungezwungenen Nachahmung anfängt, als die beigefügte natürliche Bewegung des Basses trefliche Dienste.

Pag.

Pag. 10 l) Das Gesang ist sehr gezwungen.

Pag. 10. m) Die Uebelklänge müssen aufgelößt werden, das Ohr fodert es, nicht nur die Regeln. Diese aber haben zu dem harmonischen Satze der Bratschen Anlaß gegeben. pag. 11. m)

Um den Unterschied zwischen dem fehlerhaften Satze pag. 10. m) und dem natürlichen pag. 11. m) besser einzusehen, fügen wir noch folgendes hinzu.

Der Sinn der Harmonie kann nicht anderst verstanden werden, als die mistönende Bratschen pag. 11. m) es äussern. Wenn auch Pergolese pag. 10. m) das d in der Violin für eine durchgehende Note, Vorschlag u. d. hat ansehen wollen: so widerspricht er sich dadurch selbsten, daß er im vorigen Schlage zum Hauptklange B das d als einen harmonischen Ton behandelt hatte. Hieraus folgt, daß kein Tonsetzer nach seinem Eigendünkel beim nämlichen Gesange itzt dieselbigen Töne als Vorschläge, itzt als Nachschläge, oder Zwischenklänge willkührlich betrachten könne. Im vorigen Schlage aber erschienen die Töne c und a als Vor- und Nachschläge; die Töne d und b als geltende Noten: so darf auch im folgenden keine andere Masregel ergriffen werden. Die geltenden Töne d und b werden zum Hauptklange E die

7 und 5; die Siebente Auflösung wird dadurch
unvermeidlich. Dies sind die Gründe, warum
das d sich herunter zu und in einen Wohlklang
nämlich ins C als die Fünfte zum Hauptklange
F bewegt. Das wichtigste Urtheil muß die Erfahrung selbst fällen. Man höre beide Sätze und
spreche die Entscheidung.

Vom elften Versett.

Eine ungezwungene und doch geläufige Mittelstimm dient dem Gehöre zum Vergnügen
pag. 15. i) k)

Pag. 15 l) Hier musten wir die Harmonie pag.
14. i) etwas ausdehnen, um die Ordnung herzustellen, damit der folgende Sinn richtig würde,
und nicht im halben Schlage einträte.

Dieser Satz pag. (14. k) ist noch nicht so
abscheulich im Eingange als er erst verunstaltet
wird, wenn im Solo zu den verschiedenen Harmonien pag. 16. i) k) worin es und g Wohlklänge sind, das f l) unaufhörlich anhält. Wir
haben deswegen für das letztere Viertel des Schlages durchaus F zum Hauptklange pag. 15. m)
gewählt, und, damit nicht n) C der Hauptklang
scheinen könne: so deutet die zur Siebenten beigefügte Vierte schon deutlich an, daß das obere b

S   nicht

nicht zum C die Siebente, sondern zum Hauptklange F die Elfte sei.

Es dienet daher zur sicheren Regel, daß, wenn
ein Ton liegen bleiben solle, entweder der erste oder
fünfte Ton der Hauptklang sei, und wenn auch der
dritte Ton in dieser Würde einmal auftrit: so erlaubt
es doch die Tonfolge nicht, daß entweder ein anderer Ton ohne Beleidigung des Ohrs beständig anhalte, oder der dritte öfters komme.

Um nicht eckelhaft zu werden: so haben wir
pag. 14. l) die unnöthige Wiederholungen ausgelassen, die öden Plätze aber mit der Mittelstimme
ausgefüllt. pag. 15. o).

Pag. 14. m) Diese trockene Art zu schliesen,
wird jetziger Zeit nach durchgängig im Kirchenstile
beibehalten, im Opernstile aber sind wir schon am
süßen Geschmack gewöhnt.

Pag. 14. m) Dieses Zwischenspiel litt sowohl
am Gesange als der Zusammenstimmung, und hiedurch wird die Verbesserung pag. 15. p) unentbehrlich.

Hier verräth sich Pergolesens komische Oper
la serva Padrona; denn diese lächerliche und Sou-
brettenmäßige Wiederholung entfernt sich vom
traurigen Kirchenstile zu weit. Wir haben daher
für schiklich erachtet, statt der viermaligen nieder-
träch-

trächtigen Wiederholung pag. 16. m) n) o) p) die zwei naifen Schläge pag. 17. i) zwischen den Vollstimmigen k) so einzuschalten, daß hiedurch weder das komische den Pracht herunter setzen, noch das Prächtige dem freudigen Ausdrucke Einhalt thun könne.

Daß pag. 17. k) der Satz so vollstimmig ausfällt, rührt daher; weil erstens für die Singstimmen kleine Siebenten als weit entfernte harmonische Abkömmlinge, zweitens die feindlichsten (41 42, 43 §. Tonsetzk.) und daher mannigfaltigsten Töne (9. §. Tonw.) aus der ganzen Zusammenstimmung gezogen sind.

Pag. 17. l) In der obern Stimm sowohl als in der untern sind die Töne b und es. Um die eckelhafte Folge zweier Achten zu bedeken, haben wir den Baß in widriger Bewegung gesetzt.

Hier ist der Fall, wo die allenthalben so sehr gepriesene widrige Bewegung ihre Wirkung hervorbringt. Man miskennt den Werth nicht, aber unsere Tonschule wird nicht aufhören gegen jene unrichtige Lehrart zu eifern, wo man von nichts als verbothenen Quinten und Oktaven, dann von den Bewegungen spricht; weil man erst muß buchstabiren lernen, eh man schreibe. Die verbothene Quinten und Oktaven sind nichts, als eine

eine eckelhafte Folge und Lage der vollkommen-
sten und ersten Wohlklänge. Soll nun diese Lage vermieden werden: so muß man vorher erst wissen was Wohlklänge seien. Das ist, man muß
vorher lernen die Töne kennen, sie zusammense-
zen, eh ihre Folge kennen als die Lage, in welcher sie
folgen, für verdrüsig könnte angegeben werden.

Schlimm genug für unsere bisherige Tonschüler, daß man von der dusseren Auszierung eines
Hauses sprache, eh man das innere Gebäude einsehen lernte.

Vom zwölften Versett.

In einem ganzen Versett die nämliche und in
jeden Schlage fast dieselbige Bewegung mit
der mannigfaltigsten Ausweichung sicher durchzu-
führen, ist ein so schweres Unternehmen, daß ohn-
eracht der seltnen Natursgaben Pergolesen unmöglich ware, es ohne nachstehende wissenschaftliche
Gründe zu Stand zu bringen.

Das Aug und Ohr kommen in sehr vielen Stü-
ken mit einander überein. Gleichwie, wenn man eine
feurige Kohl im Ringel geschwind herumdrehet, das
getäuschte Aug nicht mehr die abgetrennte Bewegung wahrnimt, sondern glaubt einen aneinander
hän-

hängenden feurigen Zirkel zu sehen; so glaubt auch das Ohr eine Zusammenstimmung mehrerer im nämlichen Augenblicke ertönenden Klängen zugleich zu hören, wenn sie schon einander aber geschwinde nachfolgen.

Die unwidersprechliche Erfahrung bestättiget diese Gründe, und daher muß man in deren Anwendung z. B. pag. 18. 1) die Bewegung immer so sezen, daß, wenn sie zusammen gehöret würden, weder ein Fehler gegen die Harmonie, noch gegen die Lage einschleiche.

Je genauer die Austheilung der Harmonie eingerichtet ist, desto angenehmer wird sie dem Ohre. Der Niederschlag hat ohnedem mehr Kraft, als der Aufschlag, und der erste Ton unterscheidet sich schon hinlänglich vom fünften. Deswegen haben wir pag. 19. 1) dem dritten Viertel die Harmonie des fünften Tons angewiesen; und die Unterhaltungssiebente beigefügt. Dieses dorfte Pergolese nicht wagen, wenn er auch daran gedacht hätte; weil er erstens eine geringe Kenntniß von den Vorschlägen, und zweitens nicht die mindeste von der Dreizehnte besaß: folglich in beiden Fällen straucheln muste, ob dieser oder jener Ton zu einer gewissen Harmonie, die wir nur vermittels des Hauptklanges übersehen, könne angewendet werden. Dieses F. pag. 19. k) kann für einen ausgeschriebenen Vorschlag sowohl als für einen Uebelklang gelten; denn im langsamen Zeitmaße ist ein Achtel zur Vorbereitung hinreichend.

In unserer Verbesserung pag. 19. l) bleibt bei der begleitenden Stimme die Siebente weg. Wir suchen, daß, so viel als möglich ist, das erste und zweite Viertel einander gleichen. In diesem Falle aber wäre 1) die Siebente zu stark erhoben worden, und 2) hätten zwei Stimmen nacheinander den nämlichen Uebelklang aufgelöset. Beides ist dem Gehöre sehr unangenehm. Wenn es eine Entfernung von acht Tönen wär: so bekäm dieser Satz die Benennung zweier heimlichen Achten.

Pag. m) b kann hier wieder als ein Vorschlag und als ein Uebelklang betrachtet werden. Das as der zweiten Geige schadet in beiden Fällen nicht. Aber die Vorurtheile, daß die Vierte bald ein Wohlklang, bald ein Uebelklang sei, und daß mit ihr als einer mißkannten Elften die Dritte nicht könne verbunden werden, hat uns gar oft im flüßigen Satze geschadet und unnütze Bangigkeiten eingeflößet. Den Beweis hievon giebt pag. k) die begleitende Stimm, worin Pergolese um den vermeintlichen Mislaut des wohlbereiteten angeschlagenen

genen und aufgelößten Uebelklanges zu vermeiden 1) eine grose Siebente e zu F; l) 2) eine Neunte g zu F frei angeschlagen, 3) lauter Fünftenverhältniſſe m) n) o) p) q) nacheinander folgen laſſen und 4) ſeiner eignen Bezieferung l) zuwidergehandelt.

Man könnte zwar einwenden, daß die groſe Siebente ſowohl als Neunte k) im vorigen Viertel ſchon wäre mit verbunden geweſen. Dieſes aber iſt nicht genug, denn zur Vorbereitung wird jederzeit und ohne Ausnahme erfodert, daß dieſelbige Stimm den Uebelklang vorher als Wohlklang habe eintreten laſſen. (61. §. Tonſeʒl.) Befragen wir nur das natürliche Ohr, wie ihm die folgenden Säʒe gefallen?

Pag. 18. F. 2.

Pag. 19. n) Dieſe Bewegung beſteht nur aus zwei geltenden Tönen, und einem Zwiſchenklange.

Die Siebente as löſt ſich ordentlich in das g auf. Der Zwiſchenklang trägt hiezu viel bei, daß die Bewegung weder ſpringend, noch gleichförmig, ſondern mannigfaltig werde, und dabei immer einfach bleibe. Dieſe Art kömmt uns noch öfters gut zu ſtatten pag. 19. u) v) und rechtfertiget ſich hiedurch dem Ohre, daß ſie nicht als mangelhaft den Plaʒ einnehme, ſondern eben das bewirte, was die erblassende Farben neben den dick aufgetragenen dem Auge zu thun pflegen. Die Anmerkung aber, daß von einem dreistimmigen Satze zu einem einzigen Tone der Abfall zu gäh sey, kann wohl hier pag 18. r) angebracht werden, an einem Orte, wo die drei Wohlklänge unentbehrlich sind.

Die Harmonie wird eben sowohl durch die Mannigfaltigkeit weniger unharmonischen Tönen, als durch den Zusammenfluß aller Wohlklängen vollstimmig. Ein Uebelklang liegt zum Grunde, und dadurch wird nur die Erhöhung der Leidenschaft, nicht aber eine Mattigkeit ausgedruckt. Also war es sehr ungereimt, bei einem solchen vollstimmigen Satze, die Begleitung schwach zu lassen.

Pergolese hatte zum Unglück keine Einsicht von Hauptklängen. Er war schüchtern, solche Töne mit wissenschaftlicher Freiheit beizufügen, die ihm übelklingend schienen, und wußte nicht, daß im Baß eine Umwendung, und folglich die Ursache aller hiezu dissonirenden Wohlklängen läge. Es wird hiedurch jene Auffage bestätiget, die in der Vorrede der kurpfälzischen Tonschule vorkam, nämlich, daß ein blinder Praktiker dem Rufe der getreuen Natur mit wankendem Schritte gehorche, und strauchle, wenn er im Gelaise wandelt.

Pag.

Pag. 18. s) Es folgen hier wieder lauter Fünftenverhältniſſe nacheinander, und das Gehör muß beleidiget werden.

Pag. 19. o) Wir haben Noten ſtatt den Vorſchlägen p) q) geſezt und Verzögerungen angebracht.

Pag. 18. u) Dieſes Viertel hält als ein Zwiſchenklang zu lang an; will man es aber zur Harmonie rechnen: ſo iſt es eine übelklingende Siebente des zweiten Tones B in der Leiter des harten As, welche ohne Vorbereitung nicht eintreten kann.

(23. §. Tonw.)

Pag. 19. r) Hier könnte man doppelten Anſtand finden 1) daß in Begleitung der zwei Fünften nacheinander folgen f` zu b

des zu g

2) daß das des die Siebente zum Es in der Grundſtimme, welches ſchon mit der Harmonie des vorigen Schlages verbunden war, nicht ſo gelegt worden, als wenn ſie von der nämlichen Stimme vorbereitet wäre.

Pag. 19. fig. 2. oder fig. 3.

Hierauf geben wir eine zweifache Antwort. Erſtens kann es nicht für fehlerhaft angeſehen werden, wenn zwei Säze nacheinander folgen, worin eine Stimm von der andern nur zweimal und zwar eine Fünfte von verschiedener Eigenschaft, wie hier, bekömmt; denn die erste ist groß, die zweite klein. Wir haben aber jene Sätze bei Pergolesen ausgemustert, wo entweder drei, vier auch fünf dem Gehöre zum Eckel hintereinander fortschritten, oder gar gleiche Fünften wie G zu C, C zu F pag. 18. t) waren. Der zweite Einwurf, daß nämlich die Siebente vorbereitet sein müsse, findet hier nicht statt; weil im dritten Viertel kein es vernommen wird, und deswegen der siebente Ton G, mit seiner kleinen Dritten und kleinen Fünften des der Hauptklang (unsere Beziefrung ausgenommen) wohl seyn kann. Da nun das zweite Viertel dem ersten; das dritte dem fünften gleich geworden; so äussert sich noch ein anderer Vortheil; nämlich, daß diese zwei folgenden Schläge den zwei vorhergehenden völlig ähnlich sind. Hieburch wird die Einheit mit der Mannigfaltigkeit verbunden. Die Einheit herrscht in der Bewegung; die Mannigfaltigkeit hat in der abwechslenden Harmonie ihren Sitz.

Pag. 19. x) Der Ton As ist ein zurückgehaltener Zwischenklang, und dauert etwas länger an, um die Gleichheit des Gesanges beim Contralt mit jenem des Soprans beizubehalten.

Pag.

Pag. 18. Die Bewegung fängt hier sowohl beim ersten y) als zweiten Viertel z) mit dem Baß im Einklange an, und sie wird noch unerträglicher dadurch, daß keine Harmonie hier anhält, der ganze Schlag leer wird, und diese zwei Achten dem Gehöre zum Eckel hervorragen. Ferner ist Pergolese hier auch aus dem ordentlichen Gelaise gewichen; denn er ließ die Bewegung bis auf zu, und, nicht wie sie im ganzen Versett fortdauern sollte, hinunter zu fortschreiten. Wir haben diesem Fehler pag. 19. x) abgeholfen, ohne das Einfache aus dem Gesichte zu verliehren. Zudem war auch unser sorgfältigstes Bestreben, auf eine ungezwungene und fließende Art die begleitende Stimm in der gleichen Bewegung stäts zu erhalten.

Der Contralt schlägt die Elfte b vom Hauptklange F pag. 18 x) so platt an, daß auch das ungebildetste Ohr unsere Verbesserung pag. 19. t) wird billigen müssen.

Die Uebelklänge sollten immer und besonders bei den Singstimmen mit Bindungen erscheinen: also leidet die Harmonie. Die Solostimmen dörfen keine trockene Noten abstoßen: folglich verliehrt das Gesang. Wenn aber der Contralt wie pag. 19. t) vom a ins f zurück als in einen harmonischen

schen Zusatz springt; das b als einen Wohlklang anschlägt und als einen Uebelklang anhält; dem Worte gloria noch einen Nachdruck anbringt; so glauben wir von der stolzen Eigenliebe frei zu seyn, wenn wir uns unterstanden haben, Pergolesens Satz zu verbessern.

Pag. 18. v) Dieser Schlag ist ohne einer singenden oder anhaltenden Stimme blos begleitend, und deswegen gar zu leer: es wird also nicht unschicklich seyn, ein Gesang pag. 19 y) das sich auf den Eingang beziehet, einzuschalten.

Pag. 18. ii) Man sollte vermuthen e sei zu all den obern Harmonien wohlklingend; weil es immer anhält. Dieser Satz ist weder dem Ohre noch irgendwo zu rechtfertigen; dinn nebst den verschiedenen Hauptklängen, dem H mit der verminderten Siebente kk); dem B mit der kleinen Dritten ll); dem G mit der kleinen Fünften mm) bleibt das C in der Grundstimme wohlklingend, und dasselbige c wird im Contralt als ein Uebelklang nn) angebracht. Der kleinen Fehlern nicht zu gedenken, die von sich selbsten ins Aug und beschwehrlich dem Ohre fallen.

Pag. 19. W) Hier muste eine solche Bewegung angebracht werden, wenn man anderst die Reinigkeit der Harmonie erhalten sollte. Sie fällt

des

deßwegen doch nicht leer aus. Der Ton F wird hinlänglich erhoben; denn der durchschneidende Hauptklang H und die verminderte Dritte zum Grunde lassen sich nicht bedecken.

Pag. 19. z) Wir haben mit Vorbedacht jedes Viertel der begleitenden Stimm abwechslend gesezt; weil die nämliche Harmonie anhält, wodurch es im wiedrigen Falle zu matt geworden wäre.

Pag. 19. s) Das Zeichen eines Haltes muß bei den Singstimmen sowohl über der Not, als der Pause; bei den Geigen aber nur über der Pause stehen, aus folgenden Ursachen. Hätten die Geigen auf dem ersten Viertel einen Halt: so könnte das Feine, nämlich das Erhöhen und Abfallen der Singstimmen nicht so deutlich vernommen werden, als wenn sie schweigen. Hätten aber die Singstimmen auf der Pause nicht auch einen Halt: so würden sie glauben, die Geigen schlügen im Aufschlage vor. Also um die Singstimmen deutlich zu vernehmen, und den Instrumentenchor vereint mit eintreten zu lassen: so müste auf die angezeigte Art verfahren werden.

Ob der Ausdruck, welcher vom Sterben quando corpus morietur, im nämlichen Geleise zur himmlischen Freude, paradisi gloria, unverändert fort-

fortschreitet, zu billigen ist, wollen wir nicht untersuchen, sondern begnügen uns aus bisher erwähnten Gründen all unsere vorgenommene Verbesserungen hinreichend gerechtfertiget zu haben.

Es wird zu gegenwärtigen Versette nicht uneigentlich seyn, daß die Geigen Dämpfer aufstecken, und die Bassisten mit den Fingern die Saiten kneippen, statt mit dem Bogen zu streichen.

Das Gesang der zwei Singstimmen ist durch die zweite Geige und Bratsche unterstüzt; das Gesang der ersten Geige aber im Vor- Nach- und Zwischenspiele vermittels der um acht Töne erniedrigten Bratsche, die einem Fagotte gleichet, erhoben worden.

Von den Voglerischen Claviersonaten,
die in den ersten Lieferungen des zweiten Jahrgangs enthalten sind.

Kann Vogler auch leicht fürs Clavier setzen? — So fragen diejenigen Leute, die unsern Meister gehört, oder seine ersten gestochenen Trio's gesehen haben.

Freilich, wenn der Tonlehrer alle ausgebreitetste Harmonienkenntniß, die in seinen Fantasien hervorraget, auch in die Kleinigkeiten von Tonstücken für Liebhaber verstecken wollte: so müste man vorher Kapellmeister und dann Clavierspieler werden; erst die Summe der Harmonik müste durchgedacht seyn, und dann käme man erst zu den Klingstücken.

Allein, jeder fluggewohnte Geist sollte sich auch auf die gemeine Atmosphäre herunterlassen können.

Wer sich vorstellt, daß bei Bekanntmachung der Claviertrios eines ersten Stichs, ein Kapellmeister auf Neuheiten der Ausübung, auf Eigenthum des Vortrags, auf seltene Singbarkeit der Bindungen vorzüglich habe denken müssen, und daß seine Stücke, im Fingersatze die leichtesten, nur durch unvorgesehene Wendungen der Tonfolge schwer werden, der hat obiges Räthsel schon aufgelößt, und dabei ein anders, warum im Gegentheile, solcher monotonischen

schen Tonsetzern alltägliche Schmiereteien so leicht verstanden, so flüchtig nachgespielet, und von unbedeutenden Fingern (von Herz oder Kopf ist hier keine Rede) so sehr geschätzt werden.

 Die erste Sonate aus dem G
 Die zweite aus dem B
 Das erste Stück der dritten aus dem C
  sind mittelmäßig;
 Die vierte aus dem F
 Die fünfte aus dem D
  sehr leicht;
 Das lezte Stück von der dritten
und die sechste Sonate, (die eine Fantasie vorstellt)
  sind schwer.

 Der Vortrag bei allen Sonaten erheischt eine solide Applikatur, eine zu Bindungen gewöhnte Hand; weil das Clavier nicht zum Hackbrette abgewürdiget, sondern in die Reihe der Singstimmen erhoben werden soll.

 Alle 6 Sonaten sind selbstständig: die willkührliche Begleitung aber der Geige, die nur ein Meister von Gesängen beifügen konnte, wird durch ihre eigne Karakteristik bedeutend.

 Es ist nun nicht mehr nöthig, taktweise Zergliederungen unsern eifrigen Lesern vorzulegen. Sie werden die Absicht und das eigene jeder errathen können, wenn sie vorgetragen — gehörig vorgetragen und angehört werden.

Frage.

Was ist Genie — was musikalisches Genie?

Wie eine neue Völkerwanderung (aber nur im Felde der schönen Künsten; denn den anderen Auszug hindern vielleicht die Kanonen) müssen wir den schwärmerischen Einfall der sogenannten schönen Geister und Genien in unserem gastfreien Vaterlande ansehen.

Wie die starken Geister die Religionsgrundsätze niederreißen wollen, so drohen die schönen Geister den Wissenschaften den Umsturz: nämlich jene, die sich mit Gewalt in das Heiligthum ohne vorhergegangenen Beruf eindringen; denn wer ein schöner Geist ist, wer es durch innerlichen Drang wird, vergißt lange darauf, daß er durch eigene Foderungen der Selbstliebe erst auf das Etikettsmäßige Prädikat eines schönen Geistes Anspruch mache. Wer von Genie den ganzen Tag spricht, ist selber keines, das sagen wir und Rousseau mit uns.

Ein Genie muß einen Keim zu etwas gewisses, einen innerlichen Antrieb in sich fühlen, diesen Keim durch die Annehmlichkeit solcher Dinge,

die

die ihm sein Beruf bestimmt, äussern. Gleichsam blind nach etwas langen, wie ein Kind sich anklammern, und im ersten Versuche mehr als mittelmäßig sich verhalten: dann läßt sich mit Wahrheit sagen, dieser Mensch ist Genie, besizt Fähigkeit zu diesem Amt, zu dieser schönen Kunst, ist würdig, daß man an ihn Bildung wende, ihn richtig leite, und sein Talent weiter — bis zur Vervollkommnung bringe.

Leute, die sich durch nachläßige Kleidung, durch ungesittete kühne Aufführung, ohne einigem Anstande in Gesellschaften, oder mit anderem tollen Zeug, als Sonderlinge darstellen, lenkten die Achtsamkeit der unbedeutenden Zuschauer auf diesem Erdenkloße um so ehender auf sich, als sie auf allen Menschenverstand und Mutterwiz feierlich Verzicht thaten, und für irrdische Seltenheiten oder gar Gottheiten frei von allem gesellschaftlichem Zwang oder menschlicher Nachgebsamkeit wollten angesehen sein. Und das ist die Beschreibung der Genies, die auf der Trödelbude der Marktschreier aufgetreten sind. Wir wollen als Tongelehrte und tonwissenschaftlich Betrachtende uns eben so wenig mit der allgemeinen Bestimmung des Begriffs Genie aufhalten, als es der Mühe werth sein möchte, über die bekannte Aufgabe, was das Schö-

ne

ne sei, Worte zu wechseln, und gehen zu unserer
eignen Sphäre, ins Reich der Töne, der Verhältnisse der Klänge, der Wirkung ihrer Kombinatio-
nen über.

Wer nicht tanzen lernen kann, wem das me-
trische Gefühl fehlet, eine Kadenz, einen Schluß, einen
abgemessenen Schluß mit den Füßen zu machen,
wird auch nie im Takt singen oder spielen lernen.

Die Festigkeit des Takts wird erlernt, aber
das Gefühl nie oder mit unendlich schwerer Mühe
errungen. Die Festigkeit des Takts hat statt, wenn
mehrere Stimmen zusammen wirken, wo eine der
andern z. B. in Fugen, Canonen, abstrakten Sätzen gleichsam zuwider zu handeln sucht, wenn die
Einschnitte des Gesanges wegbleiben, von der Zergliederung des Ganzen in Theile keine Spur sich
finden läßt, nicht nach dem Gehöre, sondern wie
taub nach der Vorschrift und nach dem Gesichte
des Taktgebers fortgefahren wird — diese Festigkeit wird bloß durch Uebung, diese Steifigkeit,
Unwankelbarkeit nur im Zusammenstoßen widriger
Gesänge angewöhnt. Leute von dieser Art, Me-
chaniker haben, vor dem Pferde, das in den Fabri-
ken herumgehet, ästhetisch gesprochen, doch gewiß
wenig zum Voraus.

Kinder also, die bei jeder Tanzmelodie, es mag grader oder Trippeltakt sein, gleich mitfühlen, mit dem Tänzer oder Spieler sympathisiren, auch eine, wenigstens dunkle Aeusserung des Vergnügens, von sich spühren lassen, verrathen wenigstens schon, daß sie metrisch und taktmäsig Verse machen oder singen lernen können.

So giebt es viele, die in ihrer zarten Jugend, ohne zu wissen, was Caesur oder Abschnitt, Einschnitt u. d. sei, in Füßen richtige Verse geschmiedet haben.

Das ist die erste Stufe: der erste Probierstein.

Wenn das Kind von einem Kirchengesange zu paar Versen die Melodie in dem Gedächtnisse behält, vielleicht Lieder, oder gar das erstemal als es sie höret, nachsingen kann, wenn es ferner auch Zierathen oder noch vortreflicher, künstlich modulirende Säze auswendig merkt, dann sind wir auf der zweiten Stufe.

Nun beobachte man den Zögling, wie er fortschreitet, man schneide ihm den Weg ab, auswendig zu spielen, und die Noten zu vernachläsigen, ob die Finger geläufig gehen (denn nicht jedes musikalische Genie oder sehr selten ist für mehrere Instrumente, weil die musikalisch praktische Polyhistorn keines recht spielen) ob die Brust und die

Be-

Beschaffenheit des Körpers die unentbehrliche Anstrengung zum Singen vertragen könne.

Die dritte Stufe hier ist der Vortrag, ob er mit Feuer, mit Empfindung betrieben werde. Die Feinigkeit sollte man anfänglich gar nicht fodern; denn meistens werden nach einer soliden Zurechtweisung die grösten Meister aus solchen Zöglingen, die in ihrer Jugend aus übermäsiger aufbrausender Hize mit dem Kopfe an die Wand gerennet sind.

Eins ist noch übrig — die vierte Stufe. Bisher blieb es noch beim Nachempfinden. Es kömmt also darauf an, ob der junge Mensch auch eigene Erfindungskraft von sich blicken lasse, ob er Schöpfer sein wolle (l'Esprit createur) ob er wenigstens paar neue Schläge, eine glücklichere Wendung herausbringe, oder eine besondere Karakteristik annehme. Dann ist es der Fall, daß man auf seine Ausbildung alles Geld und alle Zeit verwende. Dann ist es der Fall, daß man ihn leite, die grosen Meisterstücke wohl zu geniesen, richtig zu verdauen, sie selbst zu zergliedern, nachzuahmen, daß man ihn ins studium criticum, das Tonwissenschaft, Tonsezkunst und Aesthetik miteinander verbindet, einführe; die Verhältnisse der Töne: ihre Lage, Wirkung und Folge auseinandersetze, nicht aber wie einen Modekrämer nach

nach Paris, so ohne Kenntniß, ohne Grundsätze, ohne vorhergegangene Tonschule nach Italien schicke, um paar neue Operetten herauszubringen, und mit den fremden Federn paar Jahre zu prangen, wie es leider zu oft geschieht, daß sie von der Reise gleich den Bothen, müder entkräfteter, schwächer zurückkommen.

(ancora i bauli viaggono: auch die Coffres reisen.)

Bist du also Genie, musikalisches Genie, so lerne, arbeite, höre, mache deinem Vaterlande Ehre, gründe dich auf Sisteme, schreibe Meisterstücke, zergliedere Musiken, um auch deinen Nachkömmlingen nützlich zu seyn. — Bist du kein Genie: so schreibe Bücher vom Genie, bereichere die Krämer mit Makulatur, wenn du doch nicht ruhen kanst, und werde — musikalischer Recensent!

Von

Von den Zwischenspielen zu Shakespears Meisterstück Hamlet.

Das Vorspiel, der musikalische Eingang, die Ouverture zur Tragödie Hamlet stellte, wie wir sehr weitläuftig in einer gewissen und mehr zur Rechtfertigung unsers Meisters vortheilhaft geendigten Controverse erwiesen haben, die ganze Begebenheit vor. Die Entreakts müssen nur den Zuschauer durch eine bedeutende musikalische Sprache in der selbigen Festtuas erhalten.

Deswegen wurden nicht wenige Zuschauer der sprechenden Einfante Hamlet ausser der Vorstellung betrogen, da sie glaubten, daß zur Schilderung der Lage des Hamlet, die in 4 Hauptgemählden bestehet, eben die vier Entreakts oder Zwischenspiele bestimmt wären: nein; diese halten sich nur an den Hauptstof. Das Mannigfaltige, das die äusserste Traurigkeit, verbunden mit einem Wahnsinne, so glücklich, mit einem so treffenden Pinsel malt, kömt nur einmal vor.

Das erste Zwischenspiel führt nur das schwermüthige Thema der Sinfonie aus: es erscheinet nicht mehr im Vortrage, sondern weitläuftiger, das Thema ist nun vollendeter.

Das zweite Zwischenspiel ist sehr traurig im zweiten Theile, überhaupt aber doch, in tragischer Sprache, schmeichelhaft, Hofnung athmend, wie dann bei dem abermaligen Eintritte des Hauptsatzes und zweiten Theiles, wenn das Orchester nicht ganz oder wenigstens die erste Violine von allen vorgetragen, von h ins b stufenmäßig zu sinken, abzufallen, und zu rutschen im Stande ist, der erste Geiger diesen unharmonischen vom Aristoxen mit † bezeichneten Stufengang allein vermitteln muß.

Das dritte Zwischenspiel ist täuschender, als die vorigen, das Gemüth wird beruhiget, und von traurigen Erwartungen abgestimmt, allein

Das vierte Zwischenspiel verkettet das schwermüthige Andenken eines erschienenen Geistes mit der traurigsten Ahndung der doppelten Rache an der Ehebrecherinn, und dem gewaltthätigen ungerechten Usurpator des durch Mord erzwungenen Reiches.

Liebhaber von Tand, deren Gemüthsbewegung nichts als Hüpfen lästerner Füße ist, können gleichwohl gähnen: ein Umkreis von einer Stunde und der Umfang einer partheiischen Hofsabasabals fasset kein Stück, wenigstens kann er ein Stück von dieser Art nicht verschlucken.

Der Beifall vom Hessischen, Badischen, Maskaukischen Hofe möchte vielleicht als Bollwerk gegen die Neider angesehen werden: nein; das Selbstgefühl gilt wider tausend Zeugen, und wir sind bereit, die Kritiker dieser Zwischenspiele, wie andere mehr mit offenen Armen zu bewillkommen, und mit eben der Schande zurück und zurecht zu weisen.

Von den Clavier-Variationen
des Herrn Enßlin und Herrn Claſſen.

Das Thema ist sehr einfach, gefällig, die Variationen abwechselnd, für den ächten Fingerſatz geschrieben, und machen dem Herrn Enßlin, der nicht den mündlichen, eigentlich nur schriftlichen Beistand unsers Tonlehrers genießen kann, viele Ehre.

Die Welt wird in der Folge an ihm sehen, wie man entfernt von einem Meister, die Tonschriften mit Vortheile auch außer dem Kreise von hundert Mitbuhlern und thätigen Rivalen benutzen könne. Der musikalischen Akademie von Weglar sei dieser glückliche Versuch als das erste Opfer geweihet.

Herr Glassen spielt mit sehr viel jugendlichem Feuer, liest, und brennt, fühlt und ahnt nach. Eine Probe von seiner Spielart und eigenem Satze sind die aus dem G im dritten Jahrgange enthaltene Variationen fürs Clavier.

Sich selbst überlassen, blos durch Nachahmung, ästhetische Simpathie, und warmen Mitgefühl der in unseren Betrachtungen erforschten Wahrheiten tritt auch

eine

Reichsfreyfräulein

Caroline von Brandenstein

in Ludwigsburg

als

Tonsetzerin

auf.

Wir würden ihre Bescheidenheit beleidigen, wenn wir ihre Verdienste in der Dichtkunst herzehlen, und aus der gesetzten Claviersonate auf die

die Zukunft schliesen wollten. Vielleicht war unser Stil ihrer unwürdig; weil sie viel schöner schreibt, und zugleich richtiger, als wir malen wollten, empfindet.*)

Von der Arie
aus
Göthens Erwin und Elmire,
die
Herr Veraji
ein Tonschüler von Mannheim
Mit Gesang begleitet hat.

Ein munterer feuriger Tonsetzer ist es, der unter andern Werken seiner Mitbuhlern auch hier eine Arie bekannt macht, die aus dem ganzen Stück Erwin und Elmire vielleicht deswegen heraus-

---

*) Corinna von Theben, Tochter des Argeloborus und Myrtidis Schülerin, eine berühmte Tonkünstlerin und Dichterinn, soll den Pindar selbst übertroffen, und fünfmal den Sieg in den musikalischen Wettspielen zu Augustus Zeiten nach Tacitus und Suetonius erobert haben.

ausgezogen worden, weil hierin der Beistand unseres Meisters geltender war.

Die Singstimme findet hier viel fliesendes, leichtes. Das Gesang quillt als eine ungekünstelte Sprache von harmonischen Herzen, und so geläufig das Gesang scheinet: so kräftig sind die begleitenden Stimmen.

Freilich würde mancher strenger Kunstrichter die Abweichung in die weiche Tonart der Toneinheit vom harten G widersprechend angeben, wenn nicht die Wirkung dafür bürgte, daß auch die Freiheiten, wenn sie das gemeine Geleise verlassen, manchesmal zur Ueberraschung unendlich mehr beitragen, als der steife Gang in den stoischen Hallen.

Also läßt ein wissenschaftliches Sistem auch Freiheiten zu, (dörfte einer unserer Antagonisten ausrufen,) wenn die überschrittenen Gesetze der Na'ur die Natur verschönern helfen? Wüste man aber mehr, was rednerische Digression wär, (antworten wir im gleichen Ton,) wenn keine Redekunst uns den planmäßigen Gang gelehret hätte?

Wer

Wer hätte nun Digreſſionen beſchreiten kön‑
nen, (fragen wir zweiter) wenn in der Tonſetzkunſt
am Ende nicht ſo genau der Bezug auf den Haupt‑
ton oder überhaupt die Toneinheit wär beſtimmt
worden?

Die verſchiedene Tempo's, das eigene dem
Ausdruck entſprechende Zeitmas, Licht und Far‑
ben, Melodie und Harmonie, Geſang und Be‑
gleitung in vorliegender Arie laſſen uns von die‑
ſem erfindungsreichen Genie, wenn ſeine ſtufenmä‑
ſige Ausbildung eben ſo fortſchreitet, auch meh‑
rere herrliche Erzeugungen, Meiſterſtücke und über‑
haupt alle diejenige Früchten erwarten, die ein
ergiebiger Baum in einem guten Erdreiche vermit‑
tels ſorgfältiger Wartung jemals hat hervorbrin‑
gen können.

Von den zwei komiſchen Balletten im Cla‑
vierauszuge.

Auch eine komiſche Muſik — eine Muſik zum
Tanzen, entflieht nicht dem ſcharfſichtigen Auge
unſers Tongelehrten — der wiſſenſchaftliche Grund‑
ſätze auf das weite Feld der Töne, der jetzo hüp‑
fen‑

fenden Schäferinnen und Jägerinnen, jetzo am Feuer erbraunten Schmiedten — mit derselbigen Sicherheit verbreitet.

Ob die schwarzen Jungen den Blasbalg in Bewegung setzen, oder die listigen Fanfaren d. i. die Jagdtöne zum Angriffe die Signale geben, ist immer das nämliche für den Aesthetiker. Wir machen hier beide Schilderungen mit einer bunten Absicht gemein, bunten — wegen ihren vielfältigen Nutzen und Gebrauch — einfachsten — wegen ihrer einzigen und stäten Bestimmtheit, um alles gemeinnützige immer unter das Gebiet einer olimpischen, metaphisischen, ästhetisch mathematischen Herrschaft zu schmiegen.

Wer leicht, wer schwer spielen will, wer komisch unterhalten, serieus belehrt zu seyn wünschet, wer nachdenken und empfinden, anhören und getäuscht werden — zur Befriedigung seiner Erwartung sich gewählet hat, wird nicht leer gelassen. Nur muß er, in einer so mannigfaltigen Gallerie, wo viele, andersgesinnte ihre Weide finden, nicht alle Speisen nach seinem Gaumen beurtheilen.

Die

Die Sammlung von kleinen Stückchen (Recueil des Airs de Ballet) die mit dem raschen Tone A anfängt und schließt, hat einsmal zu einer pantomimischen Unterhaltung, wo Schäfer und Jägerinnen, Jäger und Schäferinnen zusammen kamen (Le Rendez-vous de Chaffe) dienen müssen; die andern, die aus dem wenig helleren F anfängt, und ebenmäßig schließt, dunkle, roßige Schilderungen enthält, kettete an einander den Vorgang zwischen einem alten Schmidt und seiner eifersüchtigen, Gall kochenden Schmiedtin.

Wir wollen unsern Zuhörern eben so wenig, als den Lesern wiederholtermassen alles mehr vorkauen: sie verlöhren das Vergnügen, es selbst zu durchdenken und zu fühlen. Unsere bisherigen Betrachtungen enthielten schon so viel karakteristisches daß niemand mehr Anstand finden wird, einzelen Pinselstrichen ihre eigene dem Stof entsprechende Richtung zu geben.

Spielt nun mit Ausdruck sanfte Damen. Urtheilet mit Gründen tiefdenkende Aesthetiker.

Euer Spiel sei Karakteristik!
Euer Urtheil Empfindung!
Und unser Meister lächelt, daß Töne sprechen, und Harmoniker denken!

Betrachtungen
der
Mannheimer Tonschule.
Dritten Jahrganges
zweite Hälfte,

siebente, achte und neunte Lieferung

für

den 15

Christ- Wintermonat u. Hornung

1780.   1781.

Beispiel
einer gründlichen und gemeinnützigen

musikalischer Recension

über

des Herrn Kirnberger

Kunst
des reinen Sazes in der Musik.

Wer recensiren will, muß das vorliegende Werk wohl einsehen, und darauf bedacht sein, daß seine Zusammenhaltung des Werkes mit den Gegengründen dem Leser, wo nicht schon nützlich sei, doch Stof zu weiterm Nachsinnen, zu ferneren Entdeckungen reiche.

Ist seine Recension gründlich, aber im beissenden Stile abgefaßt: so erweckt sie Verbitterung; ist sie gelassen, aber unrichtig: so stiftet sie Verwirrung; ist sie aber dumm und lästernd, wie jene des Berliner Recensenten, der auf die Aufgabe und Preisfrage des Mannheimer Classischen Tonschriftstellers schon 2 Jahre schändlich erstummet: so entweiht sie den Gegenstand, und es muß, wie der Basilisk durch die Vorhaltung eines Spiegels, so auch der Recensent mit der Bekanntmachung seiner schimpflichen Lästerworte erlegt werden.

Eine ganz andere Absicht ist gegenwärtiger Beurtheilung Quelle. Die Tonschule soll hierinn das meiste gewinnen. Verschiedener Meinungen aufnehmlich, hat sie die Wahl das Beste von jeder herauszusaugen: sieht Beispiele und Grundsätze; vielleicht sind hier die Grundsätze unkräftig, dort die Beispiele unzulänglich, und so wird einmal der

Schü-

Schüler aus zwei Sistemen ein drittes combiniren können.

Es geschiehet dem Verfasser kein Unrecht, wenn wir mit Bescheidenheit die Gründe vorlegen; warum wir nicht ihm beifallen können. Er hat immer Verdienste, und sollte er keine andere haben, als daß sein Werk einer gemeinnützigen Beurtheilung zum Grunde gelegen sei: so hat er nicht umsonst gelebt.

Herr Kirnberger hat seinem Werke einen vierstimmigen Canon, der noch geschlossen ist (Canone chiuso) fig. 1. vorgesetzt, gleich als wollte er sagen: bleibt weg ihr Kunstrichter, ihr elenden Kritiker, die ihr nur in der Verachtung und Mißhandlung anderer arbeitsamen Köpfe euern Ruf suchet — bleibt weg; quält euch aber der stolze Jucker eines kritischen Wißlings — seht da, beißt Nüsse auf — untersuchet die erste Seite — löset den Canon auf — das scheinbar unbedeutende Gesang soll eine vierstimmige Harmonie ausmachen — eine Harmonie, die in gewissem Betrachte mehr Müh kostet, als eine vierstimmige Fuge.

Laßt uns also diese Aufgabe untersuchen; die Untersuchung wird gewiß den Tonschulen mehr nuzen, als die ganze Recension von einem Jahrgange

gange der Berliner Litteratur und Theater-Zeitung.

Ein Canon ist nichts als eine strenge Nachahmung, wenn die folgende Stimm von der vorhergehenden die Befolgung aufs äuserste treibt; man braucht keine besondre Regel zu wissen, genug, daß kein Mißlaut in die Harmonie einschleiche, und daß die Nachahmung richtig sei. Je mehr Stimmen der Canon hat, desto ungleich mehr erschwert sich die Befolgung. Wenn man den Canon z. B. mit vier Stimmen gesetzt hat, so daß er deutlich, offen daliegt, wie die Italiäner sich ausdrücken: Canone aperto, dann pflegt man der Uebung zu gefallen, nur eine Stimm, die die andern leitet, hinzuschreiben, und er schliesset sich in eine Zeile ein; (Canone chiuso.) bemerkt man nicht die Eintritte mit kleinen Zeichen bei der Hauptstimme und dabei die Art der Nachfolgung nicht, wie mit den alten Benennungen Canone in Diapente Diapason &c. so wird hieraus ein Ænigma, wie auf der ersten Seite, wo Canon a 4. con Basso Continuo, halb Discant-Schlüssel mit 6 ben, halb Baß-Schlüssel mit 6 Kreuzen oben C unten C, 6o. 45. und umgewendt 8♭ ♯9 steht.

Wir wissen, daß die harte Tonarten Fis und Ces, mit 6 Kreuzen oder b vorgezeichnet, die nämlichen Tasten auf dem Claviere sind; ob nun der Diskant mit der Dritten zum Ges anfängt, und der Baß mit dem Hauptton Fis auftritt, macht uns noch nicht irre.

Da der Canon im obern Gesange viele Pausen hat, so mußte um diese Augenmusik etwas erträglicher zu machen, ein beständig laufender Baß gewählt werden; denn dieser läßt von andern Stimmen keine Nachahmung zu.

Ein Canon, der seinen vorgeschriebenen endlichen Schluß hat, heißt Canone finito; dieser aber geht immer ohne Ende fort, wenn jede Stimme, nachdem sie einmal am bestimmten Orte eingetreten ist, wieder von vornen anfängt, und heißt Canone infinito; doch wiederholt der Baß nur vom zweiten Schlage seine Bewegung, und die scheinbaren anderthalb Schläge lassen sich nur einmal hören. Daß im Baß C Allabreve Takt und im Gesange C ganzer Takt vorgeschrieben ist, zeigt an, wie der Baß in halber Geltung zum Diskant zu setzen sei; denn der Baß fängt mit zwei Viertel an, der Diskant nur mit einem, und jene zwei Viertel werden zu diesem, wie zwei Achtel behandelt.

Die unten beigefügte Verhältnisse 45, 48, 60, 64, kommen in unsrer Leiter bey Tönen h c e f zu;

es erhellet also, daß der Ton e anfangen, und h antworten, dann (umgewendet aber) c vorgehen und f folgen müsse; man lese nur die Worte nach, und beobachte, gemäß dem Sinne: Wir irren ꝛc. wie 1) der Alt mit dem Tone e, 60 anfange,

2) der Diskant mit dem Tone h, 45 antworte;

Dann das Gesang umgewendet werde, und hiebei

3) der Baß mit dem Tone c, 48 vorgehe,

4) der Tenor mit dem Tone f, 64 folge: und siehe die Auflösung wird klar. fig. 2.

Wir wünschten aber, daß diejenige, die musikalische Bücher schreiben wollen, nicht unter hieroglyphischen Bedeutungen nur leere Geheimnisse verbergen, sondern nützliche Entdeckungen zur Erleichterung der Praktik mittheilen möchten.

Nun nähern wir uns dem ersten Theil seines Buchs. Die Bemerkung der Tonleiter mit doppelten Brüchen:

$$C\ \overset{\frac{8}{9}}{D}\ \overset{\frac{4}{5}}{E}$$

(S. 4.) u. dgl. ist weder antiquarisch richtig, noch deutlich; denn 1) wußten die Alten, die mit dem unsrigen H angefangen hatten, gar nichts von den wahren Verhältnissen des grosen oder kleinen ganzen Tones: noch weniger stellten

sie

sie ursprünglich Vergleiche mit dem arithmetischen und harmonischen Ebenmaße an, um die dritte Zahl zu finden. 2) Ist es äusserst verwirrt, in doppelten Brüchen eine Reihe von Tönen zu betrachten, da $\frac{3}{4}$ vor $\frac{9}{5}$, und S. 25. eine Umwendung vor der Wurzelzahl steht; denn $\frac{3}{4}$ bezieht sich auf $\frac{2}{3}$. Die Wirkung der doppelten Brüche kann nirgends leichter als auf dem Voglerischen Tonmaße gesehen und gehört werden.

Die harmonische und arithmetische Theilungen darf man wohl entbehren, weil sich alles durch die Regel von dreien beweisen läßt. Wer eine historische Kenntniß von dem Anwachs der Tonreihen und Leitern sucht, wird in der achten Herleitung der Tonsisteme von 2000 Jahren her, bei Gelegenheit der Mannheimer Abfertigung des Berliner Pasquillanten hinlänglich befriedigt werden.

Zweckwidrig fällt eine Anleitung aus, die ohne jemals zu bestimmen, wo die Tonleiter herrühre, tausend Combinationen von verworrenen Ziffern beifügt, wie cis dis. S. 9.
$\frac{125}{135} \quad \frac{64}{75}$

Eine mathematische Lehrart, wie doch eine solche sein sollte, sezt die einfachen Grundsäze zuerst, und leitet hievon die mannichfaltigste Folgen,

Combinationen, Progreſſionen u. dgl. mehr ab; allein hier iſt das Gegentheil. Lauter Hirngeſpinſte von Tönen, die ſich nie vernehmen laſſen, eingebildete Intervallen, die auf die Praktik nicht den mindeſten Bezug haben, ſchröcken den Tonſchüler ſchon längſt ab, bis er erſt an der 23. S. den Einklang und die Wohlklänge kennen lerne.

Sehr unrecht glaubt Herr Verfaſſer S. 28. ein Beiſpiel der 7 und 9 zu ſezen: Er ſagt ſelbſt, daß die Vorhalte in die nächſte Conſonanzen übergehen; wenn aber die Conſonanzen die Harmonie von D vorſtellen: ſo ſind auch jene Vorhalte zum D die Uebelklänge, und folglich die 11 und 9. fig. 3.

Herr Verfaſſer ſpricht S. 30. ſchon von der fehlerhaften Austheilung der Stimmen, eh wir noch wiſſen, was Harmonien ſind: wie gründlich wird in unſerm Schulbuche die eckelhafte Lage der eckelhaften Folge der Harmonien nachgeſezt und untergeordnet? Auch vermiſcht er die Diſſonanzen und Vorhalte miteinander, die doch Tab. XX. der kuhrpfälziſchen Tonſchule ſo deutlich geſöndert ſind.

Die Zahl der drei Dreiklänge
des harten, des weichen, des verminderten
   C e g   A c e   H d f

iſt

ist falsch; denn, stehen die Dreiklänge zum Beispiele da, daß man hiemit anfangen und schliesen könne, so schickt sich der dritte nicht dazu; sollen sie aber nur als Töne der Leiter betrachtet werden: wo bleibt derjenige C e gis, oder jener H dis f, den er selbst Tab. II. der 33. S. mit der 7, gesetzt hat. Hier S. 33. Tab. III. a) 5. Schlag, ist die Bezifferung unrichtig; denn die Elfte geht der Neunte nach: sie sollte also entweder die 11 dabei oder 4 oder der Neunte haben, f. 4. im siebenten Schlage wird das h ein purer Vorschlag, als eine in die Höhe sich auflösende Siebente betrachtet: f. 5. dies streitet gegen alle Regeln der Auflösung, und so sind alle grose Siebenten mißhandelt.

S. 33. Tab. III. b) im vierten Schlage ist die Bezifferung undeutlich und verwirrt:

Die Sechste, die liegen bleibt, ist von der ganzen Harmonie der Hauptklang: wie kann nun dieser mitten unter die Uebelklänge kommen?

Den Fehler siehe f. 6, die Verbesserung f. 7.

Herr Verfasser setzt keine getreue Umwendungen, oben steht

d		d
g	wenn das E in dem Baß	g
e	kommen soll: so entsteht	c
C	folgende Umwendung	E: des-

wegen sollte S. 33. Tab. III. b) im dritten Schlage nicht $\overset{76}{}$ sondern $\overset{76}{6}$ stehen wie f. 8. wie f. 9.

Wenn von der nämlichen Harmonie das G in Baß kommen soll: so darf bei weitem nicht wie c) im dritten Schlage $\overset{6-}{5\;4}$ sondern es muß $\overset{5\;4}{\underset{4}{6}}$ gesetzt werden.

Auf dieselbige Art finden sich unfehlbare Fehler vor: bei manchen Umwendungen fehlt der Baß, Töne sind willkührlich verändert; Fehler gegen die Auflösung; gegen die wahre Schreibart; Unvollständigkeit in den Sätzen stosen augenblicklich Tab. III und IV auf; das wenige, was Gutes hierin vorkömmt, aber noch viel mehr, und in der natürlichsten Ordnung zeigt unsere Tabelle der Tonwissenschaft 34 S.

Sonsten ist die Sprache auch undeutlich, warum steht

statt $\begin{Bmatrix} \text{der erste Ton} \\ \text{der fünfte Ton} \\ \text{der vierte Ton} \\ \text{ein halber Ton} \end{Bmatrix}$ $\begin{Bmatrix} \text{Tonica} \\ \text{Oberdominante} \\ \text{Unterdominante} \\ \text{Semitonium ? 2c.} \end{Bmatrix}$

Die Vierte als eine Umwendung ist mit der Fünfte eins, und Wohlklang, jene scheinbare Vierte aber,

aber, die als die wahre Elfte mit dem Hauptklange selbsten eintritt, ist ein Uebelklang.

Dieses ist die reinste Wahrheit, diese aber zu mißkennen, hält sich Hr. Verfasser von der 51 bis 59 Seite auf. Siehe f. 12.

Diejenigen Beispiele, die Hr. Verfasser an der 51. Seite den Tonschülern zur Nachahmung gibt, wollen wir lieber zur Warnung hersetzen, f. 13, und f. 14 die Verbesserung des Gesangs.

Bekannt ist, daß der ungleiche Takt aus zwei Theilen bestehe, worin auf den ersten Theil zwei Viertel kommen, und der andere Theil nur ein Viertel erhält, also muß geschmackwidrig ein Saz ausfallen, wenn der Niederschlag eine Not bekömmt, und das lezte Viertel vom Niederschlage mit dem einen Viertel des Aufschlages vereinbart werden: lege man lieber in denselbigen Schlag die 6 Achtel, wie unsere Verbesserung zeigt, und so dienet das lezte Achtel zu Vereinigung des Gesanges, wie das Portamento.

Von dem zweiten fehlerhaften Beispiele f. 15 zu sprechen, so wissen wir gar nicht, was das E im zweiten Schlage bedeuten soll: gehört es zur Harmonie: so ist es eine ohne Vorbereitung angeschlagene übelklingende, kleine Siebente zum Fis; betrachtet man es als einen Zwischenklang vom ersten

ſten und dritten Schlage: ſo iſt dieſer Zwiſchenklang von einer Dauer, die das Gehör beleidiget. In keinem aber von beiden Fällen ſchickt ſich das eis in der oberen Stimm zum E im Baß. Im dritten Schlage hält eine übelklingende Siebente, ohne ſich aufzulöſen, bis in den vierten Schlag an. Welche Ungereimtheit? Entweder müſſen die Geſetze der Auflöſung ſich nicht auf die untäuſchbare Natur gründen, oder ſie müſſen befolgt werden.

Was Herr Verfaſſer hie und da von den Freiheiten ſpricht, die er nur den Männern vom erſten Range zukommen läßt, macht unſere Muſik zu einem lieben Ohngefähr; denn unſer Tonlehrer, der ſtreng zu Werke geht, hat komiſche Balleten und Operetten im nämlichen Siſteme als ſeine Miſerere und Requiem geſchrieben: wohin gehören nun ſeine Diſpenſationen?

Daß das d und h zum B und G des Baſſes f. 16 ſchwer zu intoniren ſeien, wird in unſerm Schulbuche bei einer anderen Gelegenheit §. 59, 60. der Tonſetzt. gründlicher erwieſen, als S. 60 die Kunſt des reinen Satzes beſtimmt; daß auch im weichen C der fünfte Ton G ſeine groſe Dritte zum entſcheidenden Schlußfalle brauche, giebt Hr. Verfaſſer eine unrich-

unrichtige Ursache in einem unverständlichen Vortrage an:

„ weil dadurch diese grose Terz zum Semi-
„ tonio des Haupttones, dahin man gehn
„ will, wird.

Jene Bezifferung S. 59 f. 17 ist keine harmonische, sondern melodische Bezifferung, die den ächten Grundsäzen der Begleitungskunst widerspricht: $\begin{smallmatrix}&5&8&7&6\\&3&6&5&4\\&G\end{smallmatrix}$. Die Italiäner nennen sie Tabellatura d. i. Tabellen des Gesanges, die nur diejenige sich zueignen, die eine bravura nel sonare di mano besizen. Ungereimt aber ist es, wenn man dem Organisten Edze anweisen will, die in Dritten so gesellig, wie die Hoboen, daher wandern.

Daß H', nach seiner Sprache, der verminderte Dreiklang S. 33. Tab. II die kleine 3, 5, 7 haben könne, und S. 63. $\begin{smallmatrix}&7&6\\&5&\\&H&\end{smallmatrix}$ — dieser Akkord nicht der H•, sondern G•Akkord sei, ist ein offenbarer Widerspruch des Grundsazes und Beispiels, eben so unrichtig, da die Akkorde D f a h, S. 68.

F a h d S. 70 nicht für die Harmonie vom f a H d sondern vom G

G gehalten werden, und statt dem Worte Hauptklang, jenem Klange, der in der Natur als Terzo
sono nicht selten mitertönt, wozu sich die andere
wie die Mixtur und Sesquialtera verhalten, ein
unbedeutendes Wort, Grundbaß gewählt worden.

. Von Seite 60 bis 71 spricht der Herr Verfasser von Siebenten, vergißt aber dabei die zweideutige Siebente des siebenten in harter und zweiten in weicher Leiter von einander zu sondern: wir
theilen also den lehrbegierigen Tonschülern die zwei
kurze Begriffe mit:

$$\begin{matrix} & 7 & & 7 \\ & 5 & & 5 \\ \text{Wenn} & 3 & \text{gr. }3 & 3 \text{ gr. }3 \end{matrix}$$

C H C richtig und E H E beleidigend ist:
so muß die Ursach dieser verschiedenen Wirkung
in dem besonderen Verhältnisse dieser zwei Harmonien H liegen: diese muß derjenige nun zeigen,
der sich zu einem Tonschriftsteller aufwerfen will.

Wie vielerlei die Vorbereitungen und Auflösungen sind, läßt sich in einer langen Abhandlung
von 72 bis 80 S. nicht finden. Da die nämliche
Ohren, von strenger und freier Schreibart nach
den verhältnißmäßigen Gründen der Natur urtheilen: so kann man nicht begreifen, warum von
S. 80 bis 91 Unterschiede hier festgesetzt sind, die die
Blätter füllen, und ohne Bestimmung bleiben: es
müßte

müßte ja die Natur sich widersprechen, wenn das, was in der Oper harmoniret, in der Kirche dissonirte; denn dieselbige Regeln der Redekunst gelten im profanen Prozeßsale, die auf dem heiligen Katheder gebraucht werden. Was ein Schluß, ein Fall in einem gewissen Ton sei, wie dieser aus der Verwandtschaft entnommen werde; wie aber hiedurch der musikalische Abschnitt, die Sönderung der Perioden entspringe, könnte in einer halben Seite bündiger gesagt sein, als von S. 91 bis 103 praktische Beispiele, ohne Zusammenhang und ohne den mindesten Bezug auf eine gründliche Theorie, zu erweisen im Stande sind.

Was Hr. Verfasser mit seinen zwei Tabellen S. 106, will, (siehe f. 18.) können sich nur diejenigen einbilden, die es schon wissen, aber niemand verstehn, der es erst lernen muß.

Er will sagen, daß in einer harten Leiter
    der fünfte mit der grosen ⎫
    der sechste mit der kleinen ⎪
    der dritte mit der kleinen ⎬ Dritte
    der vierte mit der grosen ⎪
    der zweite mit der kleinen ⎭

in

in der weichen Leiter

der fünfte mit der kleinen ⎫
der dritte mit der grosen ⎪
der vierte mit der kleinen ⎬ Dritte
der sechste mit der grosen ⎪
der siebente mit der grosen ⎭

zum Hauptone die verwandetsten Töne sein: Suppleo, sagt der Aristotelische Logicus, der siebente in harter ⎫
zweite in weicher ⎬ Leiter können zu keiner Ausweichung die Haupttöne sein; weil sie nicht die grose Fünfte haben, obschon Hr. Kirnberger auch diesen Dreiklang dem anderen S. 33. Tab. II zugesellet hat; um die weitere Ausweichungen zu zeigen, steht S. 125 noch eine undeutlichere Tabelle, die wir Kürze halber übergehen. Von S. 103 bis 138 sucht man begierig eine bestimmte Zahl, wieviel Modulationen seien, wie die Ausweichung entscheidend, oder zweideutig, bei den Tonarten gemein, oder vielleicht nur der weichen eigene gefunden werde — welche Töne Schlußfälle bestreiten können — wie das Gehör zu täuschen sei — kurz — der ganze achte Abschnitt sagt mit viel — wenig.

In unsere Begleitungskunst §. 21. 22 bis 28 ist die Unrichtigkeit jener alten bezifferten Leiter hinlänglich

länglich bewiesen, die wir hier S. 127. aufgewärmter angetroffen haben.

Wenn man ein Stück in der harten Tonart sezt: so nimmt unter allen verwandten Tönen der fünfte am meisten den Plaz ein, in den weichen aber, die unkräftig ist, muß die weibliche schwache Tonart der fünfte Ton dem dritten weichen; denn wir wissen ja, daß ein Stück im weichen A, selten das weiche E berühre; im harten C aber die längste Zeit zubringe. Also ist jene Anmerkung S. 109. unrichtig.

Wie kommen S. 137 solche Ungeheuer, die übermäßige Prime und Octave zur reinen Harmonie? F. 19.

Eben so könnte man auch verminderte Sechsten und übermäßige Terzen, wie F 20. die S. 135 vom Verfasser verworfen werden, anbringen, wenn man die geltenden und unbedeutenden Töne nicht unterscheidet.

Was Hr. Verfasser von verbothenen Fortschreitungen S. 138. und von verbothenem Querstand S. 140 meldet, hat von abstrakten Sätzen auf vollständige keinen Bezug. Wie oft verfehlt der beste Orechiante? bei mehreren combinirten Gesängen sein eigenes Gesang, und trift in der vollstimmigen Harmonie dasjenige, was er zu Hause nicht intoniren konnte? Ein Beispiel vom unharmonischen Querstande giebt die Auflösung des fehlerhaften Canons F 2. im 1 Schlag 3 Viertel zwischen dem B. C. und Diskant, VII Schlag 1 Viertel. Zwischen dem B. C. und Alt im V. Schlag 3. 4. Viertel. Zwischen dem Tenor, Baß, und Basso continuo.

Sehr fehlerhaft sind S. 140. jene Auflösungen F 21. Man lese hievon den Beweis in unserm Schulbuche nach, der Tonsetz. §. 15. 8. 41.

Ein besonderer, aber erlaubter Gang wie er S. 153 heißt — mit Erlaubnis, der behagt uns gar nicht, denn er ist nicht harmonisch, F 22, seine Verbesseruug im Gesange folgt F 23.

Wenn das Kunst ist, solche verzerrte Bewegungen zu finden. — Laßt uns Freigeister werden! Aber nein! Die ächte Kunst setzt die Verbesserung, womit das Gehör zufrieden ist.

S. 171 wird folgender Satz dreier Singstimmen für gut erklärt, der doch das Gehör beleidiget, und den Gründen der Verhältnisse schnurstracks widerspricht. F 24.

Wenn auch die Vierten als umgewendte Fünften dem Gehör das Eckelhafte verhehlen: so darf es doch nicht zu oft hintereinander geschehen: die Folge der Harmonie F nach jener vom G klingt

gar

gar zu häßlich, und welche Tonfolge überhaupt ist diese, die die Töne der Leiter stuffenweis zu Hauptklängen hat, statt daß man wenigstens manchesmal hier eine schlußfallmäsige Versetzung finden sollte.

Auch müssen wir dreist gestehen, daß der sogenannte Orgelpunkt eine wahre Verwirrung sei, denn der pohlnische Dudelsack leistet uns eben dieselbige Wirkung als jene unordentlich angehäufte Harmonie, die doch erhaben seyn soll, S. 178 worin Wohlklänge wie Uebelklänge in derselbigen Anwendung vorkommen F 25.

Das a in der obern Stimme des zweiten Schlages ist ein Uebelklang, und das A im Grunde ein Wohlklang. Es giebt Combinationen genug, die noch viel gewebener sind, als gegenwärtige, die aber den Regeln und dem natürlichen Gehöre nicht widersprechen.

Daß wir bei unsern deutschen Schriften über die Musik wie S. 148 immer von dem monotonischen Lobe von paar Landesleuten bis zum Eckel gequält werden, kömmt von einer unerträglichen Partheiligkeit und äussersten Unwissenheit in der musikalischen Literatur her. Wir freuen uns, einen Händel, Bach, in unserm Schose erzogen zu haben. Allein, wenn man sie zum Muster von vierstimmigen Sätzen angeben will, und jene harmonische Patriarchen in Italien zu studiren verabsäumet: so bleiben wir immerfort in der rohesten Unschicklichkeit, so, daß wir nach paar Jahrhunderte jenen grosen Geistern kein einziges Meisterstück an die Seite stellen können. Jene Koräle, die von S. 181 bis 189 zum Beispiel eines vierstimmigen Sazes dienen sollen, könnte man vor ausgesezte Ziefern dem Organisten zu gefallen brauchen; denn vier wesentliche Singstimmen bekommen keine solche abgestuzte Noten, deren sich die Bratsche schämen sollte. Wir haben am andern Orte alle Meisterstücke genannt, die zur Uebung eines Tonschülers nüzliche Muster abgeben, vielleicht dörfte man von unserm Meister sein Miserere mit vier Stimmen ohne Instrumenten nur mit dem Basso continuo zum Gegenstande der Betrachtung hiezu an empfehlen. Auch Graun war ein sanfter Tonsezer, wenn er nicht gar ins Matte verfiel. Und Herr Verfasser hätte besser die Asche dieses grosen Mannes, wie auch von Händel sollen ruhen lassen, als ein schwaches Beispiel von ihnen zum Muster wählen, welches anzeigt, wie wenig sie die Prosodie der italienischen Sprache verstanden haben.

Aus der Oper Cleopatra von Händel. f. 27. Beim Worte Guerrier fällt der Accent auf die lezte Silbe, und deswegen hätte Graun im Aufschlage

das

das Wort sollen eintretten lassen. Bei Händels Beispiel ist es sichtbar, wie die andern Wort verzerrt und mißhandelt worden. Es ist ganz besonders, daß in Deutschland so wenig grose Meister sich finden lassen, und so doch viele Bücherschreiber, statt, daß in Italien sehr viele grose Meister sind, und wenige Bücher schreiben. Wir sind auch Deutsche in Mannheim und unsere Errichtungen sind patriotisch. Wir wünschten aber, daß unsere Landsleute einmal anfiengen, die ausländische Meisterstücke zu kennen, um mit Grund stolz sein zu dörfen; nicht aber, daß, wie leider! bisher geschehen, die Deutsche stolz sind um sie zu mißkennen. Zur Verdemüthigung der stolzen Deutschen, und zur Aufklärung unserer bisher unrichtigen Begriffen, muß man von S. 141. bis 248. wahrnehmen, daß Choral und eingebildeter vierstimmiger Saz mit Opern, Arien, und verbottenen Quinten, und tausend Gehickel von Canto fermo, wie Sauerteig unter dem anderen Teig, vermengt worden.

Bei gegenwärtigem Beispiele S. 249. f. 28. sind, nach dem Herrn Verfasser, die beiden Töne fis und a durchgehend, weil man sonst nicht wüßte, wie hier die übermäßige Quarte in die Harmonie kömmt. Wir wissen gar wohl aus der natürlichen Tonleiter, $\tfrac{\text{v}}{16}\,\tfrac{\text{I}}{11}\,\tfrac{\text{I}}{12}$, warum der vierte Ton erhöht werden kann. Hier ist C mit gr. $\begin{smallmatrix}\text{gr. 6}\\\text{gr. 4}\\\text{kl. 3}\end{smallmatrix}$ nicht einmal in der Leiter vom weichen C, sondern Fis a c es ist der siebente vom weichen G, der durch den Beitrit der grosen Dritte schlußfallmäßig und der fünfte wieder zum weichen C wird. Um aber dem Herrn Verfasser einen Schlußfall vom vierten Tone Fis ins G zu zeigen, so sezen wir den eigentlichen her f. 29.

Es läßt sich in der Kürze nicht eine sistematische Herleitung davon bestimmen, sondern wir müssen unsere Leser auf das Schulbuch verweisen.

Das am ersten Theil hinten angefügte Claviersstück sollte lieber den Zöglingen statt eines Beispiels des unrichtigen verzerrten Geschmacks als zum Muster dienen: nur ein einziger Schlag ist zu unserer Auflage hinreichend S. 11. f. 30.

In einem ordentlichen Stücke, aus dem weichen H kann jemals der siebente Ton vom weichen D, Cis e g b vorkommen? — wie paßt aber jener Hauptklang A dazu? Entweder müßte kein Ton der Leiter als der fünfte Hauptklang sein können, wenn der siebente dazu unfähig: oder die 9. darf ohne Vorbereitung eintretten; beides ist widersinnig.

So weit vom ersten Theil.

Auf-

Auflösung

des sechsstimmigen Canon, der in drei Leitstimmen dem zweiten Theile vorsteht.

Fig. 31.

Die Vorschrift dieses Canon geschah mit den drei oberen Stimmen, denen noch andere drei nachahmen sollen, und nur eine solche Nachahmung mußte errathen werden, daß die Folge der Stimmen umgekehrt sein könnte.

Viel Fleiß, aber wenig Verstand gehört dazu, einen Canon zu schreiben; nicht viel Uebung, aber eine ausserordentliche Gedult wird erfodert diese Räthsel aufzulösen:

Sie sehen besser aus, als sie klingen. Solche Augenmusiken thun selten gut, wenn nicht etwas verzerrtes und widernatürliches mit einschleicht. Man betrachte nur die zwei Harmonien vom lezten Achtel des zweiten, und ersten Achtels des dritten Schlages.

Wie ist es möglich, daß man dem armen Ohre solche Mißgeburten von Tönen einzusaugen aufdringe? Warum soll sich aber ein fähigs Genie so viele Mühe geben, um etwas herauszustudiren (das gewiß keinem ehrlichen Manne so einfiel) das abscheulich klingt. f. 32.

Halte man lieber die fleißigen Tonschüler an, zu einem leichten, einfachen Gesange, wenn es auch nur eine Claviersonate wär, ein anderes zu erfinden, damit Umwendungen vorzunehmen — dann wieder ein drittes Gesang beizufügen. Diese Gesänge müssen an sich leicht und fliessend, aber mit dem untersezten Hauptklange harmoniren, und so führt man ihn zum galanten und sogenannten contrapunctischen Saze bündiger an, als wenn er des zweiten Theiles erste Abtheilung ganz auswendig lernt. Um aber die Zöglinge zu warnen, daß sie nicht mit unrichtigen Begriffen den Kopf anfüllen, und den ächten Grundsäzen ein Bollwerk sezen: so wollen wir noch erinnern daß es von jeder Ziffer nur dreierlei Gattungen gebe. Wenn aber, nach der Auffage des Herrn Verfaffers S. 84.

f zu cis eine verminderte ⎫
c zu fis eine übermäßige ⎬ Quarte ist:
⎭

welch ist dann die kleine und grose? Denn zwischen
f zu cis
und c zu fis liegt ja nur eine, nemlich
f zu c
oder fis zu cis.

Nur die schimpfliche Berliner Litteratur und Theater-Zeitung hat uns Mannheimer aufgeweckt, auch anderer Werke zu untersuchen. Es fiel noch keinem

nem ein, dem verehrungswürdigen alten Sebastian Bach die Verdienste eines großen Organisten strittig zu machen. Daß aber Herr Kirnberger ihn zum Muster der Behandlung der Choraltonarten hersezt, darin glauben nicht wir, daß er wohl gewählt habe. Folgende gründliche Untersuchung nüzt Schülern, und schonet keine Meister. S. 63.

Zwei Choräle sind hier verbessert; einer von 4 der andere von 6 Versetten; die Verbesserung ist gleich neben einem jeden fehlerhaften Versette angebracht, und unten in jeder dritten Zeile stehen die Hauptklänge, die aus der Harmonie herausgezogen sind, und wodurch man die Tonfolge am besten beurtheilen kann.

Verbesserung.

Vom ersten Vers des ersten Chorals.

Daß nach dem harten G als Hauptklang nicht das in der Leiter nah gelegene harte F in voriger Eigenschaft, und so wenig als diese zwei neben einander liegende harte Tonarten, auch das E und D die zwei weiche nicht einander folgen dörfen, erkläret die Mannheimer Tonsezkunst in sistematischer Herleitung §. 46. S. 59.

Mit Beibehaltung des nämlichen Gesangs ist diese zweckwidrige Tonfolge verbessert worden, und statt den Tönen G F,
            stehen jezo G C F;
      statt den Tönen D E,
            stehen jezo H C neben einander.

Man muß nicht für eine unnüze Orgelvorschrift ansehen, daß das nämliche g schon von einer Stimme wie vom Diskant angeschlagen da liege, und doch die andere, gleichsam der Alt sie noch einmal berühre, denn es giebt auf der Orgel ein Mittel, durch die Bebung, wozu der unmittelbar vorhergehende Ton kurz angeschnellt wird, es zu bewirken, so klingt z. B. a) wie b) und diesen Vortheil lassen sich angehende Organisten empfohlen sein!

Vom zweiten Vers.

Die Tonfolge vom harten F zum weichen E ist zu trocken, und nach vorhergehender mannichfaltiger Behandlung die Wirkung hievon viel zu platt. Um Uebelklänge oder Verzögerungen anzubringen, darf man nur immer die drei Wohlklänge untersuchen, ob sie zu den folgenden Zusammenstimmungen keine Uebelklänge vorbereiten können. Die beständig abwechselnde Vorbereitungen

und

und richtig getroffene Auflösungen machen, daß das verbesserte zweite Versett dem Gehör nicht überdrüsig noch matt vorkomme. Hierin ist zum Anfange statt der harten Tonart F mit bestem Erfolge die weiche Tonart A gewählt worden. Auch hier folgen drei neben einander liegende Töne, aber ohne Beleidigung des Gehörs, weil keine Tonart der andern gleichet

   z. B. H hat die kleine 3 kleine 5
      A —   —   — große 5
      G hat die große 3   — —

 Warum im Tone C Fis vorkommen, nämlich der vierte Ton erhöht werden könne, beweiset die Tonwissenschaft; warum er aber einen Schlußfall vorstellen darf, bestimmt die Tonsetzkunst §. 20. S. 50.

 Jeder Fall der Harmonik hat seine Ursach, und es ist noch nicht so weit mit uns Tongelehrten gekommen, daß wir, wie Herr Kirnberger im ersten Theile seines Buchs S. 349 anmerkt, das Fis statt Ursachen zu geben, für durchgehend ansehen müssen — für durchgehend einen Ton, der den Hauptklang der ganzen Harmonie vorstellt. Daß aber die Simplicität eines Stücks nicht von den Noten, sondern von den Hauptklängen hergeholet werde, kann man im Vergleiche beider Choralbegleitungen deut-

deutlich sehen, wie in den Beispielen unsers Schulbuchs. Tab. XXVI.

Vom dritten Vers.

Das zweite unbedeutende Achtel h beim Tenor im zweiten Schlage ist blos der Bewegung und dem Zwischenklange d im Diskant zu gefallen dorthin gezwungen worden.

In der Verbesserung hält die Bewegung und die ungezwungene Fortschreitung jeder einzelen Stimme vor sich bis zu lezt hartnäckig an: die linke Hand springt von g zum g und hiedurch entsteht ein sehr künstliches Geweb von zwei einander durchkreuzenden Händen.

Hier und im vierten Vers läßt sich eine ganz verschiedene Behandlung derselbigen Hauptklängen bemerken.

Vom ersten Vers des zweiten Chorals.

Zuviel und zu weit vom achten Choralgesang entfernte Hauptklänge kommen hier vor. Nur zum Schlußfalle ist cis nöthig, und das b gehört nicht in diese Tonart. Der rohe Zwischenklang c im Tenore beim zweiten Achtel, die zwei rauhen Zwischenschentöne f und d zum zweiten Tone E mit seiner kleinen Fünfte b die im vorlezten Viertel ohne Vorbereitung angeschlagene Eilfte d zum Hauptklange A bedarfen einer Verbesserung.

Vom zweiten Vers.

Bei gegenwärtiger Harmonie des zweiten Viertel im ersten Schlag kann das vierte Achtel f nicht stehen. Die zwei Achtel als Hauptklänge sind sehr gedrängt. Die Verbesserung hat den Mißstand des oberen f durch eine scheinbare Auflösung von den mittleren Stimmen gehoben und zur Abwechslung die Harmonie auch einmal ins F geleitet. Diejenigen Zwischenklänge die zur Harmonie gerechnet werden könnten, wie das c im Alt und e im Baß sind freilich harmonischer, als jene, die mit einem Gegner dissonirend auftreten, wie das d im Alt zum C im Baß. Solche Freiheiten muß man sich nur selten erlauben.

Vom dritten Vers.

Wenn dieser Saz künstlich ist, wo das unbedeutende Gis im dritten Viertel des ersten Schlags; die zum a dissonirende Zwischenklänge beim achten Achtel; das willkührlich dem zweiten Achtel des
zwei-

zweiten Schlags aufgebrungene d das Gehör beleidigen: so ist Ordnung Unwissenheit.

In der Verbesserung sind widrige Bewegungen, und die nemliche gesuchte enharmonische Fortschreitungen: sie harmoniren aber immer mit dem Hauptklange, und keine Stimm wird zur andern ein unharmonischer Querstand.

Vom vierten Vers.

Was soll wohl das zweite Achtel vom zweiten Schlage vorstellen?

Eine vierstimmige schleichende Bewegung bringt eben da mit bestem Erfolge die verminderte Siebente an.

Vom fünften Vers.

Es ist nicht genug, daß einzelne Gesänge an und vor sich fliesen, wenn das Ganze dabei verliert, wie beim vierten Achtel des ersten Schlages der Tenor, beim zweiten Achtel des lezten Schlages, der Alt, beim vierten Achtel der Baß mit den andern mißklingen. Der Schlußfall vom vierten erhöhten Ton mit verminderter Dritte in den fünften zeichnet sich bei der Verbesserung durch seine ungewöhnliche Lage aus.

Vom sechsten Vers.

Die übermäsige ohne Vorbereitung frech hingeworffene Fünfte das gis zum C, und der einer andächtigen Behandlung unwürdige geile Schlußfall ins harte E bedarfen einer Verbesserung.

Hievon mögen nun die Tonliebhaber die Gründe überdenken und ihr natürliches Gehör zu Rath ziehen, ob es nicht einen traurigen Verfall der Tonkunst nach sich ziehen müsse, wenn durch falsche Muster und partheiische Empfehlungen das zarte Gefühl eines aufkeimenden Tonkünstlers gebildet werden soll.

Wir würden die Gedult unserer Leser zuviel mißbrauchen, wenn wir alle die Contrapunctischen Muster und ihre Quelle in der zweiten Abtheilung untersuchen wollten. Jene Fuge von Sebastian Bach in der Zugabe zur reinen Kunst des Kirnbergischen Sages zergliedert, und jenes Präludium könnte uns traurig überzeugen, wie weit wir Deutsche noch von der Wahrheit entfernt sind.

Es ist freilich hart, eine solche reine unbemäntelte Wahrheit zu vernehmen, seiner Schwachheit offenkündig überführt zu werden. Allein dies ist unvermeidlich. So lang wir nicht die irrigen, stolzen

zen Vorurtheile auf den tiefsten Grund entwurzeln, bleibt uns noch kein aufkeimender guter Keim, viel weniger die Hofnung übrig, daß wir einmal einst ein richtiges Sistem, ein sichtbares mit unwidersprechlichen Gründen befestigtes Lehrgebäud errichten werden.

Ohne Zweifel wird das stolze Berliner Deutschland die hochtrabende gelehrte Welt, wider uns zu Feld ziehen, um ihren Zeitungs-Artikel und den Herrn Recensenten gegen diese öffentliche Beschimpfung zu rächen? — Nein — wir glauben es nicht, daß alle Antheil nehmen — Nein — wir wissen die Gutdenkenden, wenn schon in gegenwärtiger Schrift ihr Namen nicht vorkömmt. Gute, liebe Landsleute, wenn euch auch unsere Verdemüthigung mißfällt: so werden doch die richtigen Grundsäze, die gründliche Beurtheilungen dieser wenigen Blättern unsern Zöglingen nuzen. Mißgönnt ihnen nicht, da wir lang gestrauchelt haben, — daß sie jezo fühlen.

Den Liebhabern vom Instrumentalischen Saze, die auch gerne die Eigenschaft des Violonzelles einsehen, und die Begleitungsart, wenn eine der Natur nach höhere Stimme zur tieferen die Grundstimmen vorstellen soll, lernen wollen, liefern wir hier ein Quartett von

Zwei

Zwei Geigen
einer Bratsche
einem Violonzell

Das den Herrn Peter Ritter aus Mannheim, einen jungen Tonseſer und braven Violonzelliſten zum Verfaſſer hat.

Es hat nicht wenige gegeben, die behaupten wollten, als ſpiele die Bratſche mit dem Violonzelle im Einklange und mit der Violine in Achten: allein es verhält ſich eben im Gegentheile; denn die Violin, ihren drei tieferen Saiten nach, ſpielt mit der Viola im Einklange, und nur die beigeſezte tiefere Saite C ſondert die Bratſche von der Geige, vermittelt aber dieſe zwei Inſtrumente, die Geige und das Violonzell, die ſonſten um 2 Abtheilungen von einander entfernt blieben, daß ſie ſich mehr vereinigen, und eine engere Harmonie (vis unita fortior) herausbringen können.

Das tiefſte C, vom Violonzell ſondert ſich vom tiefſten c der Geige um 2 Abtheilungen, und zwiſchen beiden iſt das C der Bratſche.

Die Schreibart, die bei den Herrn Violonzelliſten ſchon üblich und herkömmlich iſt, wird niemand billigen können, wenn man betrachtet, daß ſie Baß-, Tenor- und Violinſchlüſſel, alſo drei

7. L.   C   Schlüſ

Schlüssel setzen, und denjenigen vernachläsigen, der doch ihrem Umfange nach der ächte und gewöhnlichste sein sollte.

Der Altschlüssel, dessen tiefste Töne etwas vor und um das a, die leere und höchste Saite des Violonzelles, herumstehen, und dann in die Höhe steigen, wär der eigentliche Schlüssel, um jene Läufe auszudrücken, die auf dieser Saite, oder, wenn aufgesezt wird, auf den zwei hohen Saiten gespielt werden. Sobald aber jemand über das zweimalgestrichene f hinauflaufen, und aus dem sehr angenehmen der Menschenstimme ähnlichen Instrumente (che a le corde cosi umane) eine Pfeife machen will: dann könnte man erst den Violinschlüssel mit Recht dazu brauchen.

Alles ist deswegen um 8 Töne zu hoch geschrieben; weil sie ihr leeres a auf dieselbige Weise ausdrücken, wie das eingestrichene a auf der Geige angedeutet wird.

In vorliegendem Quartette wird man überhaupt, besonders in dem ersten Stück aus dem weichen C, ein sehr natürliches Gesang, der Bogeninstrumenten eigene Gänge, und eine mannichfaltige fliesende Harmonie bemerken — alles was einem Mannheimer Tonschüler würdig ist.

Deu-

Deutſche Lieder.

Die Reſignation mit Muſik von Herrn Meÿger.
Die Rheinfahrt mit Muſik vom Tonlehrer.

So lang die Lieder nur Canzonetten, unbedeutende Melodien ſind: ſo küzeln ſie zwar die Ohren, das Herz aber bleibt dabei unberührt. Meiſtens iſt die geſuchte Allgemeinheit daran ſchuld, weil wenige unbedeutende Töne zu mehreren Strophen, zu verſchiedenen Leidenſchaften und zu contraſtirendſten Gemälden dienen ſollen.

Hier iſt es der Fall nicht, daß eine monotoniſche, unaccentirte, kalte Declamation, dem Gehöre aufgedrungen werde: erſteres Lied hat nur eine Strophe, allein auch dieſe iſt glücklich gewählt: daß die nämliche majeſtätiſche Schweifung des Geſangs auf gleich bedeutende und bezugvolle Worte: ihr Götter ... von eurer Hand, falle: das zweite Lied hat zwar vier Strophen, aber der Inhalt von allen vier Strophen iſt beinah derſelbige; denn die nämliche Leidenſchaft eben ſowohl als das einzige Bild der ſchönen Ausſicht auf dem Waſſer halten ſtäts an, und die zwei lezten Verſe ſind ſehr naif, immer die Karakteriſtick einer leichten muntern Schiffahrt, da zwei Liebende froh auf dem Rheine fortſegeln, und wozu die wallende Bewegung der

Clavierstimmen in der untern Abtheilung zur Diskantstimme nicht wenig beiträgt.

Die Rheinfart.

Laß dich, helle Sonn', erbliken,
Schike dich, du breiter Rhein,
Heute soll dein glatter Rüken
Unter unserm Schifchen sein,
Da ein kühles Lüftchen wehet,
Daß das Schifchen hurtig gehet,
Fahr' ich und die Schäferin,
Die ich liebe, hurtig hin.

Lieschen, glaub, die stillen Winde
Haben sich in dich verliebt,
Weil der Zephir so gelinde
Dir ein sanftes Küßchen giebt.
Fühle, wie so sanft er wehet,
Wie das Schifchen hurtig gehet!
Lustig schiffen wir dahin
Ich und meine Schäferin.

Sieh doch, Mädchen, sieh zur Seiten!
Sieh der grünen Wiesen Plan,
Sieh die Berge, sieh von weiten
Jene wüsten Schlösser an!

Sieh

Sieh der Hügel ihre Höhen
Voller Büsch' und Kräuter stehen!
Lustig schiffen wir dahin
Ich und meine Schäferin.

Klettert, ihr vernaschten Ziegen,
Füttert euch, ihr braunen Küh'!
Bleib du nur im Grase liegen,
O du weißes Wollenvieh!
Gönnt uns diese Wasserstraße,
Wie ich euch das Ufer lasse!
Lustig schiffen wir dahin
Ich und meine Schäferin!

Ung.

Unser Geschmack der nur Lieder sucht, die eine leidenschaftliche oder Gemäldenschilderung enthalten, soll den Liebhabern von abstrakten Melodien nicht aufgedrungen werden, die in der Oper sich vergnügen können, ohne das Buch zu lesen, oder die Worte zu verstehen: wir meinen nur, daß Lieder ohne Bedeutung einer Tapete in einem Bauernhause gleichen, die ein Tüncher gezeichnet, und lediglich die Absicht hat, den Platz einzunehmen, aber dabei nicht wenig beiträgt, das Zimmer zu verdunkeln.

Von den Fugen
im Stabat Mater, ihrer Verbesserung und neu unternommenen vierstimmigen Ausarbeitung.

Ehe wir die Beurtheilung und Verbesserung des achten und dreizehnten Versettes vom Pergolese vornehmen, so muß erst die Bestimmung und Erklärung des sogenannten Contrapunctischen Stils vorausgehen.

Wie sich die gebundene Schreibart zur freien verhält: eben so verhält sich unser sogenannter Contrapunctischer Stil zum übrigen. Gleichwie die Verse einem ungebildeten Ohre selten gefallen: so muß man auch von der Sicherheit, der Ordnung, der mannigfaltigen Einheit, die bles in der Fuge ihren wahren Sitz hat, sich Einsicht erwerben, eh die Ergötzung Platz finde.

Das Wort Contrapunct kömmt daher, daß die Alten, statt unsern dermahlen mehr kennbaren Noten, sich nur der Puncte bedienet haben. Das Wort Contra aber zeigt die erste Lehrart an, wie die Tonschüler sind angewiesen worden.

Nämlich, eh man die jetzo weit übersehende Kenntniß von den Hauptklängen hatte, eh man

im

im Stande war, alle mögliche Harmonien auf die einfachste Wurzelharmonie der Dritte und Fünfte zurükzuleiten, müßte man gleichfalls die Umwendnungen.

Man wußte daher nicht, daß z. B. eins sei, ob c in der Höhe oder in der Tiefe stehe, und das e hiezu immer wohlklinge: obschon im ersten Falle das c zum tieferen e eine Sechste; im zweiten aber e zum tieferen c eine Dritte vorstellt.

Man glaubte ferner, daß man einem angehenden Zöglinge keineswegs die Art lehren könne, ein Gesang zu erfinden, daßelbe fort- und auszuführen; weil dieses bloß nur für eine seltene Erscheinung der vorzüglich von Gott geseegneten Talenten und der in der Praktik bejahrter Greisen gehalten wurde. Folglich wählte man die gewöhnlichen Kirchen Gesänge, den Canto fermo, zum Leitfaden, zum Geseze aber, die wandelbarsten Beobachtungen. Dann mußte der Schüler einen Punct gegen einen andern Punct, eine Not gegen eine andere schon vorgeschriebene Not (nota contra notam) sezen. Wie blind es hiebei zugegangen, zeigen die auf diesem sandigen Boden schon zum Theil eingestürzten, theils noch schwankenden Lehrgebäude; und beweiset nicht nur der schlechte Fortgang der in Schweiß entkräfteten grosen Talenten; sondern bestät-

bestättigen die ungeschmackte Schreibarten der überstudirten Tonsezer.

Davon rühren die verderblichen Vorurtheile her, daß es hieß: wer Theorie besizet, kann weder mit Geschmack noch etwas gefälliges auf die Welt bringen; wer aber mit seinen Tonstücken schmeichelt, muß von den Regeln abgehen. Hievon entstunden die allen philosophischen Ohren eckelhaften Widersprüche, daß z. B. die Vierte ein Wohl- und ein Uebelklang sein könne, daß man sich im weichen E des Kreutzes entschlagen dörfe, daß die übermäsige Sechste ein Uebelklang und gar unausstehlich sei, die im Grunde betrachtet der Hauptklang und Wurzelton von den Wohlklängen in eben demselbigen Accorde ist, und tausend dergleichen irrige Säze, ja Irrgärten für alle die jungen Anfänger.

Es ist aber nur zu bewundern, daß in einem erleuchteten Jahrhunderte, wie das jezige ist, man nicht einmal anfängt, sistematischen Gründen beizutretten, worin man den Schüler lehre, alle mögliche Wohl- und Uebelklänge und Umwendungen selbst finden; alle Schlußfälle, und das angenehme sowohl als unangenehme der Tonfolge, der Ausweichungen bestimme; dann ihn leite ein Gesang zu erfinden, wozu die Regeln unserer Tonkunst am getreusten anführen werden.

Ist

Ist er weniger glüklich in einer Erfindung, und fällt es ihm zu schwehr: so seze man ihm einen Baß zu einem kleinen Menuet, und lasse ihn den Hauptklang zu jedem Tone suchen, und hievon den Baß beziferen, dann aus der Beziferung ein nakendes Gesang herausziehen. Man bekleide das Gesang mit Vorschlägen und puze es mit Zwischenklängen aus; man stelle es scheinbarer vor, vermittels der Bewegung: und dann zeige man ihm, wie der zweite Theil beizufügen sei, in welche Töne er ausweichen dörfe, wie eine harmonische Verhältnis in Ansehung der Noten, der Töne, des Einfachen und Mannigfaltigen müsse erzielet werden.

Ist der Schüler einmal soweit gekommen, daß er ein einziges Gesang wohl erfunden, hiezu einen tauglichen Baß gesezt, auch schon einen Vorgeschmack von der Ausführung sich erworben habe: so lasse man ihn zu dem Gesange eine andere Stimme beifügen.

Er darf hier weder die Regeln der Tonsezkunst, noch das natürliche des Gesanges aus dem Gesichte verliehren. Geräth das zweite Gesang: so kann er auch das Dritte beifügen; dann folgt die Kenntniß der vierstimmigen Harmonien.

Von der vierstimmigen Instrumental-Musik muß er erst zum Saze von vier Singstimmen schreiten. Hierbei werden sich neuerdings tausend Schwierigkeiten äuffern, wie der Text unter die Noten zu legen sei, wie die Wörter können verfezet werden, ohne daß der Sinn leide, wie man die Wörter so einrichte, damit der Werth der Noten bei verschiedenen Stimmen verschieden sich äuffere; daß eine Mannigfaltigkeit herrsche, wenn eine Stimm wenig Noten, die andere mehr Bewegung bekömmt; eine Stimm auf einem Ton ruhe, wobei die andere fortschreit; oder Uebelklänge aufhält, wozu die erstere mit Wohlklängen frei eintretten kann.

Unser auf diese Art gebildete Schüler weis nun die Kunst alle mögliche Harmonien auf ihre Hauptklänge zurükzuleiten, er weis auch vier Gesänge unter dem nämlichen Hauptklange miteinander zu verbinden, und dies sind schon alle erfoderliche Eigenschaften zur Fuge, die wir kurz ins Helle sezen wollen.

Nichts ist prächtiger und den geheiligten Swiebögen gemäser als eine Fuge; denn dies ist ein bündiger, ein gesezter Vortrag, der alle Zuhörer mit kaltem Schauer zu überfallen im Stande ist, und gleichwie der mächtige Befehl eines unumschränkt-

schränktherrschenden Gebieters im Trauerspiele erst da Zentnerschwer auffällt, wenn er in gebundener Rede erscheint: so wird auch ein Gesang erst majestätisch, wenn es mit einem gewissen Silbenmaß der Harmonie, der Lage u. s. w. in herrlicher Ordnung daher wandert.

Es ist also unmöglich, die Fuge in der Kirche zu missen: so ungereimt es wäre, sie wieder auf die Schaubühne zurückzuberufen; weil erstlich eine instrumentalische Fuge keine Wirkung macht, und zweitens der Opernstil mit dem Kirchenstil zu sehr übereinkäme. Wie rührend ist nicht ein andächtig gesezt- und abgesungener Kirchenchor? Wie abgeschmackt käme er aber heraus, wenn er von Instrumenten vorgetragen würde? Auch blasende Instrumente können wachsen und abnehmen, so gut als die singenden, aber die Aussprach der Wörter, der hiedurch allein zu bestimmende Ausdruck der Sinne kann nur die Herzen erweichen, die Seele aber bald dahin, ja ausser sich selbsten versezen. Wenn nun ein Chor ohne Wörter, oder dessen trokener instrumentalischer Vortrag ohne Eindruck und Kraft ist: was soll nun ein gelehrter Chor, eine Fuge, eine prosodisch abgemessene Zusammenstimmung für Wirkung thun?

Bel

Welchen Eindruck sollten verschiedene Bewegungen aufs Herz machen? Was sollen willkührig phantastenmäsige Sprünge sich für ein Recht aufs Gemüth versprechen; wenn keine einzige Bewegung durch den Anlaß kurzer oder langer Silben, lustigter oder trauriger Bilder gerechtfertiget ist? Sollte aber gar eine gesungene Fuge in die Oper eingeschaltet werden: so fehlte nun nichts mehr, als eine Betrachtung vom jüngsten Gerichte; denn diese käme allen und besonders den ungebildeten Ohren von sich selbsten schon lächerlich vor.

Also bleibt die Bestimmung der Fuge für die Kirche ausser allem Zweifel, die Erlernung derselben aber muß auf vorigem sicheren und sistematischen Wege gesucht werden; dann, eine Not gegen eine andere sezen; sich zu den Nachahmungen gefaßt machen, mit den sogenannten Canonen unterhalten; sich auf die Antworten der Fuge schon besinnen, eh man noch ein bündiges instrumentalisches Quartett oder einen vernünftigen Chor von vier Singstimmen zu Stand gebracht habe; heißt, Verse machen, eh man die Wortfügung verstehe.

Wenn die zweite Stimme ** etwas später das nämliche Gesang, das die erste schon vorgetragen hatte, nachholt: so nennt man es eine Nachahmung, und diese kann in allen Tonverbindungen geschehe-

geschehen, wie f. 1. das Beispiel von einem hier bei Hofe schon abgesungenen Kirchenstücke Agnus Dei zeiget.

Wenn solche Nachahmung durch ein verdrüßliches und unnützes Nachsinnen so lang ausgedehnet werden kann, daß endlich ein ganzes Gesang von der andern Stimme, es sei nun in welchem Tone es wolle, ohne mit der ersten einen Mißlaut zu erregen, könne nachgeholet werden: so nennt man es einen Canon.

Deren giebt es sehr verschiedene, die meisten aber in den zwei nächsten Verhältnissen der Fünfte und Achte. Man behält sogar die griechische Benennungen bei λιαπέντε διάπασον; damit auch die Ueberschrift ihnen noch mehr Kraft beilege. Der andern unzähligen und unnöthigen Benennungen nicht zu gedenken. Eine Nachahmung, worin alle Stimmen nach geendigtem Gesange wieder anfangen können, heißt ein unendlicher Canon, canone infinito; wenn man aber zuletzt von der Nachahmung abgeht und einen ordentlichen Schlußfall setzt, ein endlicher Canon (Canone finito.)

Die Canonen können vierstimmig sein, und von einem einzigen Gesange oder von mehreren Gesängen geleitet werden. Hier folgt zum Beispiele ein

sehr

sehr einfacher, f. 2.) der sich auf der Orgel spielen läßt, f. 3.)

F. 2. Was der Diskant vorträgt, ahmt der Tenor um 8 Töne tiefer nach, der Alt nur um fünf und von ihm der Baß wieder um 8 Töne tiefer.

F. 3. Das Gesang der ersten Geige wird von allen andern drei Stimmen um 8 Töne tiefer nachgeahmt.

Dieser Canon hält sich stréng an die Vorschrift eines einzigen Gesanges. Voriger hat zwei Stimmen zu Führer, nämlich den Diskant und den Alt. Dieser Führer ist kein eigentlicher Führer, weil er dem Diskant schon pünktlich nachahmt; der Alt könnte aber auch ein ganz besonders Gesang haben und dann wäre es ein doppelter Canon.

Auf die nämliche Art giebt es drei- oder vierfache und achtstimmige Canonen, wenn z. B. drei oder mehrere solche Gesänge im Diskant, Alt, Tenor und Baß liegen, und wenn diese auch von einem zweiten Diskant, Alt, Tenor und Baß können nachgeahmt werden, ohne daß dem ersten Gesange dadurch Einhalt geschehe.

Im galanten Stile machen auch manchesmal solche Nachahmungen gute Wirkung, wenn sie ungezwungen angebracht sind, und zuweilen, von verschieschiedenen Instrumenten, gleichwie Flöten, Hoboen, Fagott und Geigen vorgetragen werden, s. 4.

Man muß aber sorgfältig vermeiden, daß sie nicht wie ein Keil in eine Oefnung mit Gewalt eingebrungen werden, besonders wenn man sich zum Gesetze wählt, eine Nachahmung anzubringen, wo es der Hauptklang nicht zulassen will; denn sonsten sind sie unerträglich und daher kömmt es durch solche Hirnmarter und Schaumusiken, daß, wer sich in diese Schreiberei einmal vergaft hat, gleichsam feierlichen Verzicht thun müsse, fürs Ohr mehr etwas schmeichelhaftes zu schreiben, sondern er sucht nur das Aug mit dieser gezwungenen Ordnung zu unterhalten, und endlich die angenommene Gewohnheit, die er nicht mehr überwinden kann, nöthigt ihn, überall diese Nachahmungen bis zum Ekel des zuhörenden einzuzwingen.

Bekannt ist, daß das Gehör am mehresten vergnügt werde, wenn es die Tonstücke auflösen und behalten kann. Dies zu erhalten, müssen sie deutlich sein. Je mehr man nun sich Mühe giebt, die Gesänge von andern Stimmen nachahmen zu lassen, desto gebundener, desto verstrikter wird das Stück, und um so härter fällt es dem Gehöre, etwas davon zu merken.

Es

Es ist also kein Wunder, daß dergleichen Leute, die mit dieser pedantischen und ausschweifendm, contrapunktischen Lehrart sich abgeben, nicht mehr im Stande seien, klare Säze auf die Welt zu bringen, daß es endlich heisen muste: wer Kunst besäß, könne nicht fürs Ohr schreiben, und wer dem Ohr schmeichelt, könne nicht künstlich sezen.

Ueberhaupt wäre es fast bei jedem Canon nothwendig, daß der Prediger auf der Kanzel vor dessen Aufführung das Volk warnte, auf allen Wohllaut zu verzeihen, und dasjenige, was dem Ohre eben wie eine Judenschule vorkömmt, für eines der künstlichsten Meisterstücke zu halten.

Wie viele Mühe geht also nicht verlohren, wenn man sich statt nüzlicher Beschäftigungen solche eitle Hirngespinste zur Unterhaltung wählt.

Wie beschäftiget sich nicht mancher bei einem trocken hingeschriebenen Gesange eines Canon, der 2, 3, 4, 5 auch mehrstimmig sein kann, dessen Nachahmung vielleicht von einer Stimme in der Fünfte, von der andern in der Achte, bei dem ersten, zweiten oder dritten Schlage geschieht, daß er den Schlüssel errathe! d. i. Welche Stimm zuerst nachahme; in welchem Schlage sie eintrette; wieviel Stimmen noch nachahmen, und in welchem Schlage sie eintretten können. Die Auflösung

sung dieser Cabala wird beim einfachen Leitgesange (la Guida) vermittels eines jeder Singstimme eigenen Schlüssels am bestimmten Orte ihres Eintritts f. 5. angedeutet. *) Welch unersezlicher Zeitverlust! Ja man befriedigt sich nicht mit der einfachen Marter, es ist noch der doppelte Contrapunkt übrig, wovon keine mehr bedeutende Erklärung kann erdacht werden, als folgende: sich alle mögliche Mühe geben, um Töne zu erfinden, die dem Ohre weh thun. Und dieses geschieht auf folgende Art:

Man sucht zu einem gewählten Vortrage ein zweites Gesang, dieses aber soll nicht nur wohllautend sein, wie es da steht, sondern auch leiden, daß man es um drei, und fünf, oder um zehn, um zwölf Töne höher oder tiefer schreibe. Wer nun dieses himmelstürmende Bestreben vernimmt, sieht schon zur Gnüge ein, daß alle Möglichkeit übergangen werde, wo man unharmonische Grundsätze bei der Musik ins Werk zu richten trachtet. Es wäre Schad, wenn wir in Bestreitung dieser irrigen Lehrart die Zeit verlöhren. Zur

Zer-

---

* Siehe die Auflösung des Kirnbergerschen Canons, in der Recension des Buchs: die Kunst des reinen Sazes.

7 k.   D

Zernichtung des ganzen Aftergebäudes ist schon hinreichend, wenn man folgende Zusammenstosung (nicht Zusammenstimmung) betrachtet, wo der Tenor zum Alt dasjenige (gemäs dem doppelten Contrapunkt in der Duodez) im weichen a bekömt, was er hätte im weichen D haben sollen.

Es ist das Beispiel eines bisher noch allgemein beliebten musikalischen Schulbuches s. 6.

Der einfache Contrapunkt hieß wie s. 7.

Da nun endlich diese steilen Vorgebürge, die die schiefen Vorurtheile storrigter Köpfe zur Hinderniß aufgeworfen hatten, überstiegen sind: so trift uns die Reihe von der Fuge theoretisch und praktisch zu sprechen.

Die Fuge ist ein musikalisches Gespräch, worin der Satz, wie er von einer Stimm ist vorgetragen worden, nach und nach von allen andern wiederholet wird.

Ein Gespräch mehrerer Parthien kann nicht ohne Antwort sein, die da anfange, wo die erstere aufgehört hat, und sich auf dasjenige beziehe, womit die erste angefangen. Die Antwort der Fuge muß in Ansehung der Harmonie und Melodie in dem Tone anfangen, worin die vorhergehende geschlossen, und schliesen im Tone, worin die erste angefangen hatte. Schlöß die Antwort in

einem

einem andern Tone, als die erste aufgehört hatte: so fehlte der Bezug auf das vorige. Trät die zweite Stimme in einem andern Tone ein, als die erste aufgehört hatte: so wäre es keine Antwort.

Deutlicher:

Ein Satz einer Fuge, das erste Gesang oder der Vortrag muß in einem andern Ton sich schließen, als er angefangen, sonsten wäre er kein Anlaß zu einem Gespräche. Dieser Ton muß der verwandteste sein. Der verwandteste aber gemäs der Tonwissenschaft ist der fünfte: also muß der Vortrag einer Fug sich im fünften Tone schließen. Solte nicht auch der Vortrag im vierten Tone endigen können; weil der erste sich zum vierten verhält, wie der fünfte zum ersten.

Hierauf wird mit nein geantwortet; weil, gleichwie die Verhältnis des ersten zum vierten eine Umkehrung jener vom fünften zum ersten ist, auf diese Art der Vortrag nicht vorwärts schritte, sondern zurückwiche, und hiedurch wird neuerdings bestättiget, daß der Vortrag vom ersten Ton in den fünften fallen und schließen müsse f. 8.

Wenn hier beim ersten Schlage das F der Hauptklang sein sollte: so wäre das Gesang unrichtig ins G geleitet. Sollte aber das weiche A der Hauptklang sein: so fieng der Vortrag mit einer Dritte an, die hiezu viel zu wenig entscheidend, zu unvollkommen ist.

Also muß C auch Hauptklang und der erste Ton sein.

Vom zweiten Schlag kann der fünfte Ton G der Hauptklang sein; weil ohnehin beim dritten das C wieder in dieser Würde erscheinet.

Zur zweiten Hälfte des vierten Schlages kann D der Hauptklang sein, wenn das Fis nicht als Zwischenklang betrachtet wird.

Die Antwort auf diesen Vortrag muß anfangen im Tone, wo er geschlossen, nämlich G; und schließen im Tone, wo er angefangen, nämlich im C.

Legen wir unsere drei ersten Grundstimmen von unserer gegenwärtigen Tonleiter hieher und vergleichen wir den Umfang des Vortrags um den Umfang der Antwort zu bestimmen: so entspringt die Verhältnis einer Fünfte vom G zu C; einer Vierte vom c zu G.

Der Umfang des Vortrags wäre hier vom C zu G, also muß die Antwort im Umfange vom g zu c haften. Deswegen darf die Antwort nicht um fünf, sondern nur um vier Töne steigen, und nebst dem würde sie in das D übergehen

hen und sich in einen ganz andern Ton verirren, als worin der Vortrag von neuem wieder anfängt. f 9.

Der Harmonie also, d. i. der Uebereinstimmung der Hauptklänge und der Melodie oder der Ausschweifung des Gesangs zu gefallen, muß die Antwort auf vorigen Vortrag folgende sein: f. 10.

Sobald die Antwort festgesetzt ist: so werden die Hauptklänge des Vortrags und der Antwort in Vergleich gezogen, und dies ist die richtigste Prüfung.

Beim ersten und dritten Schlage des Vortrags ist der erste Ton C der Hauptklang,
folglich muß
beim ersten und dritten Schlage der Antwort, der
fünfte Ton G
der Hauptklang sein.

Beim zweiten Schlage des Vortrags ist der
fünfte Ton G der Hauptklang ; folglich muß beim zweiten Schlage der Antwort der erste Ton
C der Hauptklang sein.

Nun äussert sich wegen dem vierten Schlage des Vortrags und der Antwort ein Anstand. Wenn beim Vortrage die erste Hälfte des vierten Schlages zum Hauptklange das C, die andere das D bekömmt: so ist diese Uebereinstimmung der

D 3   Haupt-

Hauptklängen bei der Antwort unmöglich zu erhalten.

Erstens; weil es ein Fehler gegen die Tonfolge wäre, nach dem Hauptklange G beim dritten Schlage das F, welches sich auf jenes C bezieht, eintreten zu lassen.

Zweitens; weil die Hauptklänge jener Bestimmung gemäß sich verhalten müssen, wornach wir unsere Antwort eingerichtet haben. Die Hauptklänge des Vortrages sind im Umfange von C zu G begriffen fig. 11;) also dörfen die Hauptklänge der Antwort nicht ausser dem Umfange vom G zum C schreiten f. 12) und hierin ist das F nicht begriffen.

Kein anderes Mittel bleibt uns übrig, um die Verhältnisse und Gleichheit beizubehalten, als daß der ersten Hälfte des vierten Schlages A zum Hauptklange angewiesen und dadurch der Umfang des Vortrages erweitert werde A
                                      G   f. 13.
                                      C

Dann kann sich auch der Umfang der Antwort verhältnismäßig ausdehnen   D
                                        C f. 14.
                                        G

Setzt man die Hauptklänge zusammen: so herrscht immer die nämliche Verhältnis.

Wie C zu G so G zu D, D zu A
Wie A zu D so D zu G, G zu C

f. 15.

Dies ist das allgemeine gründliche Verfahren des Vortrages und der Antwort in den Fugen.

f. 16.

Die Fug kann eben sowohl mit dem fünften Tone anfangen und im ersten schliesen, als im ersten anfangen und im fünften schliesen; denn der Vortrag kann Anlaß zu einer Antwort geben, wenn er auch vom fünften in ersten fällt.

Hiebei aber finden zwei nothwendige Bemerkungen statt.

1) Daß noch immer der Unterschied zwischen dem Vortrage und der Antwort fest hafte.

2) Daß der fünfte mit dem ersten, und der erste mit dem vierten niemal vermischt werden könne.

Den Unterschied zwischen einem Vortrage und der Antwort giebt uns das vorige Beispiel unserer Fuge zu erkennen.

Die Antwort ist in Ansehung der Melodie wegen ihrem viertönigen Umfange vom G zu C

veil

viel eingeschränkter, als der fünftönige Vortrag, der sich vom C zum G ausdehnte.

Der Vortrag muß also natürlicher Weise unumschränkter sein; weil die Antwort nach dem Vortrage, nicht der Vortrag nach der Antwort eingerichtet wird.

Sogar ungebildete Ohren sollten das ungereimte wahrnehmen, wenn voriges Beispiel folgendermaßen umgekehrt würde. f. 17.

Daß aber der fünfte Ton, wenn er im ersten schließt, nicht für den ersten, der in den vierten fällt, gehalten werden könne, muß die Tonfolge sogleich entscheiden, eh noch der Schlußfall statt finde. Zum Beispiele dient der Vortrag vom achten Versette im Stabat mater f. 18.

Es fängt mit dem d an, welches dem Gehöre als der erste Ton könnte vorkommen. Das darauf folgende es aber entscheidet ganz deutlich, daß nicht das weiche D der erste, sondern der fünfte und das weiche G der erste Ton sei.

Wäre aber statt dem es das e gesetzt, f. 19. dann könnte man den Vortrag eines Fehlers beschuldigen und mit Recht behaupten, daß es vom ersten im vierten Tone gehe. Aus den nämlichen Gründen wäre jenes f. 20 gefehlt.

Daß aber dieses Gesang als ein Vortrag und nicht als Antwort betrachtet wird, ist die Ursach; weil die Hauptklänge bündiger gesetzt sind, als im andern Gesange.

Der Vortrag und die Antwort müssen in Ansehung der Harmonie und Melodie folgendermaßen gegen einander abgeglichen werden. f. 21.

Der erste Schlag des Vortrages in der Fuge von Pergolese ist schon gefehlet. In der Melodie liegt der fünfte, in der Harmonie der erste Ton.

Wenn der Vortrag von einer Stimm im fünften Tone geschieht: so muß die Antwort im ersten Tone folgen; fängt aber die Antwort im ersten Tone an: so kann im Vortrage der erste Ton ohnmöglich der Hauptklang sein; denn der nämliche Ton kann sich nicht selbsten antworten.

Wollte man auf diesen Vortrag eine schickliche Antwort in Ansehung der Harmonie setzen: so müßte der fünfte Ton mit seiner Fünften der Hauptklang werden. f. 22.

Dieses aber verhindert die Tonseinheit, die auch in Rücksicht auf die Melodie unentbehrlich ist.

Also ist Pergolesens Harmonie beim ersten Schlage schon unrichtig.

Da es leichter ist bei der eigenen Arbeit über jeden Punkt, und über die stufenmäßige Ableitung eines weitesten Bezugs hinlängliche Rechenschaft zu geben: so haben wir Pergolesens Vortrag vierstimmig ausgearbeitet. Die Zergliederung dieser Fuge soll allen Tonschülern zum Beispiele dienen. Wir erklären damit nicht alle diejenigen Fugen, die von einem andern Systeme geführt worden, für unrichtig. Wenn aber unsere Gründe so ausfallen, daß manche unlautere Fugen dieſe Kapelle zur Prüfung nicht aushalten können, ohne ganz im Dampfe auszulodern: so ist es unsere Schuld nicht. Der erste Lehrsatz vom Vortrage und von der Antwort war philosophisch: die Anwendung auf die Musik ist mathematisch.

Es wird in den Augen der vernünftigen Welt uns so wenig schaden, wenn wir hierüber eines Hochmuthes von Rabulisten beschuldiget werden, als es einem flatternden Schmetterlinge helfen kann, mit Verlust seiner Flügel auf dem Lichte herumzutanzen. Man muß entweder starke Gründe mit noch stärkern überwältigen, oder — schweigen.

Pergoleſe beſtättiget unſere Anmerkung, Tab. I. i) da er beim zweiten Eintritte des Vortrags k) auch die Harmonie des fünften Tones dem fünften Tone in der Melodie beigeſellet, und der Fehler wird

wird dadurch noch merklicher, daß beim nämlichen Vortrage, der vom Baß geschiehet, diejenige Melodie jetzo im D (l) auch in den andern Stimmen erscheint, wie sie vorher im G (m) vorgekommen war.

Auch kann die kleine Dritte (n) nicht dem D in der Grundstimme beigesellet werden; weil D als der fünfte Ton vom G ohne grose Dritte unkenntlich ist.

Diesem Gesetze wird noch weniger Genüge geleistet, wenn auch in der lezten Hälfte die grose Dritte eintrit; denn es stößt beim Wechsel der kleinen Dritte zur grosen ein Zwischenklang, und es widerspricht noch ferner der allgemeinen unentbehrlichen Verhältnisse des Vortrages mit der Antwort.

So unrichtig als die Hauptklänge des ersten Schlages beim Vortrage und des ersten Schlages bei der Antwort sind: so verwirrt muß nach verbesserten Fehler der Bezug des zweiten Schlages in der Antwort auf den zweiten Schlag im Vortrage ausfallen; weil man noch sehr undeutlich vernehmen kann, was geltende Noten, was Zwischenklänge, Vor - und Nachschläge seien.

Betrachtet man im Vortrage (o) G und C als geltende Noten; a und b als die zwischen der Fünften

ten und Achten eingeschaltenen Klänge; folglich das C als den Hauptklang; so muß man in der Antwort (p) ebenfalls d und g als geltende Noten; es und f als die zwischen der Fünften und Achten eingeschaltenen Klänge; folglich G als den Hauptklang betrachten.

Hiebei aber entdecken wir zwei Anstände.

Erstens ist die Antwort zu trocken. Im Umfange des Vortrages von D zu G f. 23 wird auch der Ton C begriffen; im Umfange der Antwort G zu D f. 24 findt kein A statt: folglich muß auf beide Töne, den fünften Ton D und vierten C des Vortrages das einzige G antworten. f. 25.

Zweitens sollte auch auf den Hauptklang C das G antworten: so müssen doch die Zwischenklänge gegeneinander abgeglichen werden, und entweder beim G der Zwischenklang e, oder wenn beim G das es bestehen soll, beim C auch As gesetzt werden. (Diese Verbesserung und Zusatz des e ist schon in Paris bei der gestochenen Herausgabe geschehen).

Betrachtet man das c und a im zweiten Schlage, das g und e im sechsten Schlage als Vorschläge: so hätte der zweite Schlag im Vortrage das Es allein; bei der Antwort aber der sechste Schlag das B und das G zu Hauptklängen.

Die

Die Töne b und g (o) können eben so wenig, als die Töne f und d (p) Nachschläge sein; denn hiedurch würde beim Vortrage, wenigstens in der zweiten Hälfte des zweiten Schlages das A der Hauptklang: Hierauf müßte das E antworten, und dann wäre beim zweiten Vortrage das G (q) unrichtig. (r) Diese zwei Stimmen sind sehr gezwungen, sehr gedrängt, und singen nicht schön zusammen.

(s) Hier geht Pergolese vom Contrapunktischen in den galanten Stil über. Dieses sollte niemal, besonders in einer Fuge und im Kirchenstile geschehen; es sei dann, daß ein Gesang, welches schon in der ersten Antwort oder beim zweiten Vortrage mit verbunden ware, dazu Anlaß gegeben hätte.

Der Accent, der erst auf das vierte Viertel fällt (t) ist zu hinkend und hier sehr unanständig.

Die hintereinander gar zu lang andaurende Gleichförmigkeit der Hauptklänge war bei den Alten sehr üblich. Unseren nunmehr verfeinerten Ohren fällt sie viel zu beschwerlich. Das Gehör will durch Neuheiten, naive Wendungen, unerwartete Fälle getäuscht sein, und nicht Sätze vernehmen, die in einer eckelhaften Tonfolge immer so steigen, oder fallen, daß man den Aufgang schon zuvor wis-

wissen könne: wie ein gewisses Lied, wovon man alle dergleichen Gänge Rosalie nennt.

u) Nun kehrt er wieder zurück, und diese Bewegung bezieht sich auf jenes. (x)

(z) Das Gehör wird beleidigt, wenn die Bratsche mit der Grundstimme einklängig oder um acht Töne höher fortschreitet, an einem Orte, wo eine Stimme tiefer ist als die Bratsche; denn hiedurch wird die Pracht der Grundstimme heruntergesetzt, und entstehen wahre fehlerhafte Achten.

(ii) Dieser Vortrag ist gefehlt; denn er sollte der Tonseinheit wegen, den ganzen Schlag hindurch aus der Harmonie vom D bestehen, wie vorher.

(kk) Hier ist der Vortrag wie ein Keil in eine Oefnung eingezwungen. Er steht gut auf dem Papiere, und klingt dem Gehöre sehr übel. Solche Ungereimtheiten, die das Gehör grob beleidigen müssen, ist jeder Komponist ausgesetzt, der die Eintheilung seiner Fuge, die Verhältnis des Vortrags und der Antwort, die Uebereinstimmung der Melodie mit der Harmonie, aus Mangel der Kenntnisse der Hauptklänge, nicht planmäßig finden kann.

(ll) Diese Ausweichung vom B ins F, ob es schon der nähester Ton ist, fällt dem Gehöre sehr hart zu vertragen, es mag im Baß Es oder E

sein

sein. Die obere Stimm ist von der untern immer die Zehnte, und es geht oben es vor; (mm) folgt nun e (nn): so thut es nach dem es dem Gehöre weh; folgt aber es: so wird das Ohr vom F beleidigt, das gegen die Tonfolge fehlt.
(46. §. Tonsetzk.)

Wir lassen diejenigen Fehler, wovon wir schon Meldung gethan haben, und (oo) jene gezwungene und gekünstelte Nachahmung eines jeglichen Gefühle zur richtigen Beurtheilung über.

Nun schreiten wir zum Zwecke, nämlich wie Pergolesens Satz §f. 27) regelmäßig, vierstimmig fort- und auszuführen sei.

Man könnte zwar noch Anstand nehmen, die lezte Silb vom Worte ardeat im Niederschlage so stark accentiret hören zu lassen; weil sie nur der Lage nach lang ist, sonsten aber immer ardeat fast wie ein Daktil klinget. Allein diese Einwendung ist zu sehr gespizt, und in einem eben nicht sehr glücklichen Silbenmase, sind dergleichen prosodische Uebertrettungen wohl zu verzeihen.

Im fünften Schlage kann zwischen dem d und b wohl noch das c eingeschaltet werden, um das Gesang zu verschönern.

Dem

Dem fünften Tone D als Hauptklange und Führer des Gesanges im Vortrage muß der erste Ton antworten. f. 28.

Dem fünften Tone vom G im Vortrage muß der fünfte Ton vom D antworten. f. 29.

Dem sechsten Tone vom G muß der sechste Ton vom D antworten. f. 30.

Dem zweiten Tone vom G muß der zweite Ton vom D antworten. f. 31.

Wenn nun die Antwort sich auf den Vortrag in Ansehung der Harmonie und Melodie vorigen Gründen gemäß beziehet: so kann man dreist zur Fort- und Ausführung schreiten; diese hiedurch sicher geprüfte Toneinheit wird von der angenehmsten Mannigfaltigkeit niemal aus ihrer Stelle vertrieben. Das Gehör vernimmt immer mit Vergnügen, das nämliche aber verschieden. Man durchgehe die Prüfung der Fuge f. 32.

Nun trift uns die Reihe ein zweites Gesang zu erfinden, welches die erste Stimme bekömmt, wenn die zweite eintrit. Dann muß ein drittes Gesang für die erste Stimm erfunden werden, wenn die dritte eintrif, und wenn hiezu die zweite Stimm das zweite singt.

Die vier Singstimmen unterscheiden sich von einander durch Achten- und Fünftenverhältnisse, so zwar

zwar: daß der Alt vom Sopran, der Tenor vom Alt, der Baß vom Tenor um fünf Töne tiefer; der Tenor aber vom Sopran und der Baß vom Alt um acht Töne tiefer gemächlich singen können.

Die Antwort verhält sich fünftenmäßig zum Vortrage, der zweite Vortrag aber zum ersten achtenmäßig. Wenn man Abwechslung fodert, und bei mehr als zwei Stimmen mit doppelten Umfange nicht bestehen kann: so muß der

    Alt oder Baß dem Sopran
    Baß oder Alt dem Tenor.
    Sopran oder Tenor dem Alt.
    Tenor oder Sopran dem Baß

antworten.

Das zweite Gesang muß die Worte meum in amando Christum Deum vortragen. Dieses kann sich mit der Antwort nicht endigen; weil es unschicklich wäre, wenn, wie Pergolese setzet, auf zwei Viertel, zwei so vollständige Silben mando fielen, und die aushaltende Not auf dem Selbstlauter i beim Worte Christum zu stehen käme. Es ist daher besser, daß von zwei mageren Silben (1) in a, die zwei Viertel, von den vollständigen Silben aber mando (2) die anhaltende Noten eingenommen werden.

7 B.   E   Daß

Da aber das zweite Gesang sich nicht mit der Antwort endigt: so kann auch das dritte Gesang nicht beim zweiten Vortrage aufhören, und hiedurch gewinnen wir zwei Vortheile.

Erstens, daß die Fuge hindurch fliesender und prächtiger wird, wenn zur Zeit, da eine Stimm noch mit ihrem Gesang anhält, eine neue eintrit.

Zweitens, daß sich das dritte Gesang, ut sibi complaceam, noch bei der Hälfte des zweiten Vortrags aufhält, und deswegen haben wir weder ein viertes Gesang nöthig, wodurch mehrentheils eine Unvernehmlichkeit der streitenden Parthien entsteht; noch ist im Abgange des vierten Gesanges eine zu trockene und leer ausfallende Oefnung vier Schläge lang zu besorgen.

Hier folgt ein Beispiel dreier Gesängen, wie alle Melodien dem Hauptklange zu Folge, und die Hauptklänge in der Antwort gemäs dem Bezuge auf dem Vortrag gesezt sein müssen. f. 33. Wenn einmal dieses richtig ist: so kan man verschiedentlich den Vortrag und die Antwort anbringen, wo nur immer schicklich ist. Man darf ihre Stimmen und Töne nach gegenwärtiger Zergliederung versezen.

Die Aenderung, womit sich die Gesänge des Vortrags und der Antwort ändern, gründen sich

auf

auf die bisher unterlegten Hauptklänge (3) (4) (5) (6) (7) (8) ebenfalls hier (13) (14); denn vom Hauptklange zur fünften sind fünf Töne, und von der fünfte wieder zum Hauptklange nur vier Töne.

Das war es, daß die Alten die berüchtigste harmonische und arithmetische Theilungen nicht nur der Achtenverhältnis, sondern auch jeder nur möglichen Tonverbindung einführten und unentbehrlich glaubten. Nur die erste kann noch mit unserer Fugenlehre bestehen, nämlich wenn zwischen der Hälfte und dem Viertel eine harmonische und zwischen vier und zwei eine arithmetische Mittelzahl gesetzt wird. Wie zwei zu vier, so verhält sich das Viertel zur Hälfte, wenn nun C und c für Grenzzahlen angenommen werden, so ist zwischen C c das harmonische Mittel G, das arithmetische F.

$$\begin{array}{ccc|ccc} \tfrac{1}{2} & \tfrac{1}{3} & \tfrac{1}{4} & \tfrac{4}{} & \tfrac{3}{} & \tfrac{2}{} \\ C & G & c & C & F & c \end{array}$$ oder in gleichen Zahlen

$$\begin{array}{cccc} 12 & 9 & 8 & 6 \\ C & F & G & c \end{array}$$

Es trägt zur Schönheit im Ganzen nicht wenig bei, wenn der Vortrag und die Antwort von zwei Stimmen schon geschehen ist, und die erste Stimme noch einmal mit dem Vortrag eintrete,

da-

damit auch die leztere Stimmen Plaz finden, ihre verschiedene Gesänge vernehmen zu lassen.

(9) (10) (11)

Aber nun ist Zeit, eine Unterhaltung dem Gehöre zu verschaffen, dadurch, daß man aus dem ordentlichen Geleise trete und von den vorigen Gesängen zu einer schicklichen Bewegung den Stof entnehme. Besonders wenn, gleichwie hier in der Grundstimme der Sinn deutlich ausgedrückt wird; die obere Stimmen hiezu in der angenehmsten Mannigfaltigkeit abwechseln, ohne jemal eine fremde Not einzuschalten; und endlich beim herrschenden Baß (12) das zweite und dritte Gesang hervorschimmert. (15) (16)

Auch wir gehen in den galanten Stil über, aber anstatt fremde Gedanken einschleichen zu lassen; anstatt neue Hauptklänge mit Gewalt einzuzwingen, und anstatt mit trockener Einförmigkeit der Tonfolge dem Gehöre überlästig zu fallen: so lassen wir von zweien Stimmen, den Sopran und Contralt (17) das zweite Gesang vortragen und gleich darauf vom Tenor und Baß (18) nachahmen.

Diese Art der Unterhaltung, besonders wo zwei Schläge auch einmal leise wiederholet werden, nennen wir die Fuge fortführen; weil man dem

Ge-

Gehöre manchesmal Zeit gönnen muß sich vom scharfen Nachsinnen, sich von der starken Spannung etwas zu erholen, ein wenig abzustimmen: was bei den Malern Schatten und Licht heißt:) dann folgt (19) im Tenor eine prächtige Ausführung der nämlichen Bewegung, die aus dem vierten Schlage des Vortrags entnommen ist.

Der Alt hält immer mit dem dritten und vierten Schlage des zweiten Gesanges an. Der Sopran begnügt sich mit dem vierten Schlage des dritten Gesanges eine abwechselnde Tonfolge zu befördern, die endlich ins weiche C übergehet, zu einer Zeit, da der Baß ganz unerwartet das Gehör mit dem Vortrage überraschet (20)

Der Alt hört sehr schicklich mit dem Ende des zweiten Gesanges hier auf (21)

Der Tenor hat zwar das natürliche zweite Gesang, (22), führt es aber nicht fort. Der Diskant nimmt es ihm ungezwungen ab (23) So kann der Tenor etwas ausschnaufen, um seinen Eintrit kräftiger hören zu lassen.

Da beim Anfange der Fuge die tiefere Stimmen immer den höhern folgten: so lassen wir hier die tiefere vorgehen. Und hierdurch wird eine angenehme Abwechslung veranlaßt. Die Fuge könnte gleichsam in mehrere Theile eingetheilet werden

Vermittels der Ausführung (24) sind wir vom strengen Stil, der im weichen G anfieng, in den galanten aber nicht ohne genauen Bezug auf die ersten Gesänge und dabei ins harte B übergegangen.

Wenn der zweite Theil bündig anfangen soll: so muß es in der weichen Tonart geschehen. Wir verlöhren sonsten unsere weiche Tonart aus dem Gehör; dann wären auch die weitwendigen Ausführungen zu hitzig und zu früh angebracht.

Jezo aber, da der Vortrag zweimal und die Antwort einmal im weichen C erschienen, darf die Fug eben nicht kalt und frostig werden welches geschäh, wenn noch einmal die Antwort im weichen C wiederkäm. Nun muß das Gehör einmal von einem fremden Tone und harter Tonart erschüttert werden. Dieses geschieht hier vom Sopran im harten Es (25) da kaum der Alt einen Schlag (26) aus dem ordentlichen Geleise getreten war.

Der Baß antwortet richtig (27). Hier folgt eine Antwort (28) auf die andere; denn, gleichwie vorher Es (27) den ersten Ton vorstellte, der in fünften fällt: so kann hier B nichts anders als der erste Ton sein, der in fünften nämlich ins F wandert.

So

So wird die Einheit mit der Mannigfaltigkeit in einer angenehmen Harmonie erhalten.

Dem Tone B haben wir auch zwei Antworten (28) (29) und einmal den Vortrag (30) zukommen lassen.

Auf die scharfe Ausweichungen erscheint nun wieder etwas vom galanten Stile (31). Dieser dient blos dazu, daß die folgende bündige Ausführung, die Schlag auf Schlag immer hitziger wird, desto contrastirender nach der sanften Bewegung auffalle.

Nun hört man zum erstenmal in seiner ganzen Gröse den fünften Ton vom weichen D (32) und, so zu sagen, der dritte Theil der Fuge bringt erst das weiche D zum Vorschein. (33) Ein Vortrag auf den andern, wie vorher eine Antwort auf die andere: Nach dem Vortrage, der vom fünften Tone A ins D schließt, kann nicht die Antwort gesezt werden, worinn das weiche D in seinem fünften Ton A ausweicht. Das A aber als erster Ton ohne Kreuz oder b wär viel zu matt an diesem Ort und widerspricht der Toneinheit, die sich immer auf den Hauptton G mit zwei b en beziehen muß. Auch ohne dieser Rücksicht wäre es nunmehr doch einmal Zeit zum Schlusse eilen.

Gleichwie der Epilog einer wohlgefaßten Rede all dasjenige im kürzesten Vortrage einschränkt, was in der ganzen Rede weitläuftig abgehandelt worden: so wiederholen wir in allen Stimmen die ersten Gesänge; aber so gedrängt, daß, wo die Hälfte kaum von einem Gesang (34) vollendet ist, schon das andere einfalle; (35) und so bändig, daß das zweite Gesang wechselsweis von verschiedenen Stimmen (36) (37) aber immer doppelt vorgetragen werde; so vollstimmig, daß jene Ausführung, die bald zwei- oder dreistimmig war, jezo (38) mit vollem Pracht von zwei aushaltenden und zwei zugleich sich bewegenden Stimmen vernommen werde.

Man ist gewohnt in jeder Fuge ein Pedal, (Point d'Orgue) das ist den fünften Ton lang anhaltend zu vernehmen. Dieses findet nur statt, wenn der Vortrag vom fünften in ersten, und die Antwort vom ersten in fünften fällt, oder umgewendet, nicht aber hier, denn dem Hauptklange des fünften Tons D war in der Harmonie beim Vortrage der sechste Ton gefolgt. Wir haben zwar das D im Grunde aushalten lassen, nur um in den obern Stimmen noch eine Anspielung wenigstens aufs zweite Gesang zu hören. (39).

Hier

Hier fällt wieder eine enge Einschränkung und Wiederholung der ersten Sätze ein, wie vorhin im G (34) so jetzo im C; was vorher der Sopran und Alt sang, das nimmt der Baß und Sopran (40) (41), was vorher der Tenor und Baß hatte, das singt jetzo der Alt und Tenor (42) (43).

Die Italiener nennen diese Art Stretto.

Endlich dient das zweite Gesang zu einer vollständigen und doppelten Nachahmung. Was der Sopran und Alt (44) vorsingen, das hören wir vom Tenor und Baß (45) im folgenden Schlage getreulich wiederholen. Das der Nachahmung gemäs bei dem Tenor und Baß später eintretende Piano (46) und Zunehmungszeichen lo segno del crescendo; (47) die sich hinaufzu auflösende Siebente (48); die nach langer Bewegung majestätisch anhaltenden zwei Schläge (48) (49) ihre unerwartete aber dabei ohne Beleidigung das Gehöre überraschende Harmonien; (49) der mit Pracht sich zum Aushalten vorbereitende Baß; die bei allen, an und vor sich einfach gesetzten Stimmen im ganzen herrschende Mannigfaltigkeit; das noch dreimal und immer in verschiedenen Stimmen ungezwungen angebrachte zweite Gesang (50) (51) (52) und der überhaupt fleißig überdachte Schluß, werden dem Gehöre

höre etwas vorstellen, was das Aug hier vielleicht nicht erwartet hat.

Wir glauben uns wegen der ganz vorgenommenen Verbesserung hinlänglich gerechtfertiget zu haben, wenn wir jedem unpartheischen Ohre beides: sowohl Pergolesens zweistimmiges halb contrapunktisch halb galantes Duet, als auch unsere vierstimmige Fuge zum eigenen Gefühle und hievon entstehender natürlicher Beurtheilung überlassen.

Von

der Fuge

Amen,

in der Arbeit

des

Pergolese.

Da das Amen von Pergolese eben' so viel Unstände leidet, als das achte Versett: so wird das unpartheische Publikum unsere Mühe Zweifels ohne genehmigen, wenn wir gleichfalls die letzte Fuge vierstimmig fort- und ausführen.

Die Harmonien des Vortrags und der Antwort sind eben wie bei jenem fugirten Duette gefehlt (1) (2)

Aus der gezwungenen Fortführung (3) und vermeintlicher Ausführung (4) läßt sich leicht errathen, daß Pergolese der Arbeit beinah schon müd gewesen, als er zum letzten Versett kam.

Diesen Vortrag konnten wir aus zwei Ursachen nicht beibehalten. Erstens kömmt er mit dem Vortrage der vorigen Fuge zuviel überein; denn er er fängt gleichfalls mit der Fünften an, hat eine ähnliche Bewegung in den andern Stimmen, und die Bindungen müsten in der Ausführung auf die selbige Art ausfallen.

Zweitens sind die Hauptklänge, die fünftenweise daher wandern und Schlußfällen gleichen, keiner Ausführung mehr fähig, da sie selbsten im Anfange schon zu entscheidend sprechen. So ungereimt, als wenn ein Schüler von seines Meisters wohlgesetzter Predigt die Schlußrede zur Einleitung seiner Predigt entlehnen wollte. Hierin kämen gewis Wahrheiten vor, aber so rasch und auffallend, daß hiedurch niemand überzeugt noch gerührt würde; weil Beweise zum Grunde lägen und Kenntnisse voraus gesetzt würden, zu deren Erklärung sich der Redner noch keine Zeit genommen hatte.

Es schickte sich also auf Pergolesens Vortrag ein gegründeter Einwurf aus der alten Philosophie de supposito non supponente.

Unser Satz ist aus der Mitte (8) entnommen; denn aus dem folgenden Zusammenhange selbsten scheint es, als habe Pergolese diesen Satz ausführen wollen.

Wir bilden hieraus eine freie Fug der Nachahmung, (fuga libera d'Imitazione) um auch hievon ein thätiges Beispiel anführen zu können.

Sie

Sie gleicht den reimfreien Versen und ist manchesmal noch angenehmer dem Gehöre als eine strenge Ausarbeitung, wie in unser voriger Fuge angebracht ware.

Sie wird deswegen eine freie genannt; weil die Hauptklänge des Vortrags und der Antwort in Ansehung der Harmonie und Melodie nicht die gehörige Verhältnis haben. Denn z. B. anstatt, daß dem fünften Tone (1) der erste antworten sollte: so antwortet hier der fünfte G (2) des fünften Tones C. Statt, daß hier zum fünften Tone des Vortrags (1) auch der fünfte Ton der Hauptklang sein sollte: so ist der erste Ton der Hauptklang, wie man es hier (3) wo alle vier Stimmen beisammen sind, deutlich sehen kann. Der Vortrag geschieht von zwei Stimmen zugleich, vom Diskant und Tenor.

Dieser singt fast das nämliche, aber etwas später (4) was der Diskant vorher gehabt hatte, nicht aber auf die strenge Art, und hievon (4) so, wohl als auch von der freien Antwort (2) bekömt sie den Namen: eine freie Fuge der Nachahmung.

Gleichwie es ein doppelter Vortrag ist: so antworten auch zwei Stimmen. Was der Diskant im Vortrage hatte (1), das bekömmt der Alt in der Antwort (2); wie der Tenor (4) dem

Vor-

Vortrage des Diskant nachahmte: so folgt eben auch dem Basse (5) die Antwort der Contraltstimme.

Wenn der Alt ganz getreu der Anlage des Vortrages hätte folgen sollen: so wär hier (6) der Schlußfall bis ins weiche G gekommen. f. 1.

Es sind also mit Vorbedacht diese vier Schläge (6) bis (7) eingeschaltet worden, um auch die Antwort im sanften und ordentlichen Gelaise zu erhalten.

Es sind zwar (8) in einem Schlage mehrere Hauptklänge, aber diese haben sich mehr durch die Lage als Harmonie eingeschlichen. Die Lage stellt eine solche widrige Bewegung vor, daß kein Zwischenklang mehr unbedeutend bleibt, und jeder Ton zu einer besondern Harmonie wieder könne gerechnet werden.

Deswegen kann man dem Organisten nicht diese Ziffer vorschreiben, sondern es ist genug, daß er zu jedem Schlage die fürnehmste Harmonien anschlage, und die letztere Hälfte des Schlages bei dergleichen verwickelten Sätzen leer lasse.

Oder besser wär es in all dergleichen Fällen, wenn statt der Ziffern der Orgel eine gewisse Begleitung, wie hier geschehen, deutlich ausgesetzt würde. Dieser Tabellaturmäßiger Satz in der Or-

Orgel könnte zur Unterſtützung der Singſtimme, wie in der Malerei die Grundirung auf Leinwand zur Haltung der Farben dienen.)

Auch das zweite Geſang wandert in fleißigen Nachahmungen (10) daher, wie die Antwort, und ſchließt ſich mit fünf Schlägen, die ſchwerlich na‐ türlicher ſein könnten.

Der Antwort folgt das zweitemal der Vor‐ trag, wie in allen andern Fugen.

Man durchgehe nur mit ſcharfſichtigem Auge den mannigfaltigſten Bezug auf den einfachen Vortrag.
    (2) zu (1)
    (5) zu (4)
    (7) zu (9)
   (12) zu (11)
    (3) zu (1)
   (13) zu (4)
   (15) zu (14)
   (16) zu (2)
   (17) zu (5)
   (19) zu (18)
   (21) zu (20)
   (23) zu (22)
   (24) zu (10)

(25) Hier iſt die kleine Dritte ſtatt der gro‐ ßen (26) beigefügt worden; weil der Vortrag nicht

nicht die vier Schläge fortgeführt und hiemit eine andere Ausweichung eingeschaltet hat, wie bei der Antwort aus obigen Gründen geschehen muſte.

Man vergleiche weiter

   (6) zu (7)
   (27) zu (18)
   (28) zu (20)
   (29) zu (22)
   (31) zu (30)
   (33) zu (32)

Bißher dauerte der Vortrag; die Antwort; der zweite Vortrag und die zweite Antwort. Es herrschte immer die weiche Tonart. Nun wird die harte nicht wenig überraschen, wenn der Tenor statt wie vorher (34) fortzuschreiten, unvermerkt das as (35) anhält.

Der Diskant tritt hiezu im harten As frei mit einem Gesange (37) ein, das (38) vom Tenor schon im Vortrage gehört worden.

Im dritten Schlage (39) bekömt der Tenor das nämliche. Es wechseln noch ferner die zwei Stimmen mit einander ab, so zwar, daß immer eine der andern um zwei Schläge später nachfolge.

   (39) zu (37)
   (41) zu (40)
   (43) zu (42)

Hiezu

Hiezu hält der Baß stets das Es an, und so schließt sich der erste Theil der Fuge.

Man hätte von dem natürlichen Gesange der zwei Stimmen beim Anfang können verführt werden, die Antwort um einen Schlag früher (38) also schon beim zwölften statt beim dreizehnten erst eintreten lassen; allein hiedurch hätte der Bezug der Hauptklänge des Vortrags auf jene der Antwort aufgehört.

Es wäre der Vortrag sowohl, als die Antwort um einen Schlag kürzer: folglich das Metrum und Taktmas ungrad und hinkend geworden.

Hier trit unvermuthet ein vierstimmiger Canon ein, der auf den ersten Vortrag eine glückliche Anspielung behält.

Hier ahmt
dem Alt   44) der Baß   45) ⎫ um 8 Töne tie-
dem Sopran 46) der Tenor   47) ⎭   fer.

dem Alt   44) der Sopran 46) ⎫ um 4 Töne hö-
dem Baß   45) der Tenor   47) ⎭   her nach.

Der Canon wird 49) vom Sopran, wozu 48) der Baß nicht wenig mithilft unterbrochen. Nun fängt die Rede schon an sich einzuschränken, und die Beweise ins Enge gedrängter zusammen zu ziehen.

Vermittels einer mannigfaltigsten Abwechslung des beständigen Vortrags und richtiger Antwort bei der überraschenden Ausweichung und stetem Bezug

50₁) 51₁) 52₁) auf 49)
53₁) 54₁) 55₁) auf 48)

wird in zwei Schlägen mehr entschieden, als vorher mit zwölf gesagt worden.

Vom weichen F gehen wir ins weiche B vom harten Es ins harte As über.

Auch hier äussert sich, daß es eine freie Fuge sei. Der strenge Bezug der gegenwärtigen Hauptklänge auf jene des Vortrags wird nicht so genau befolgt, und statt, daß beim C (1) F der Hauptklang war: so sind C (49) F (50) B (51) Es (52) Hauptklänge.

Währender Fuge war das Es noch wenig gehört und bis hieher zur vergnüglichen Abwechslung aufbehalten worden. Nun soll sie auch in ihrem ordentlichen Gelaise (56) (57) (58), welches sich auf jenes (10) (7) und (12) beziehet, schicklich ins Es wandern. Allein da das Es nicht so nah mit dem weichen F als das As verwandt ist: so bleibt sie auch nicht so lang darin, als vorher von (37) bis

bis (44) bei einer nicht weniger betrügerisch, als natürlichen Harmonie des Tenor (60) und Baß (61) trit der Sopran zweideutig (59) ein, und leitet die Fuge vermittels eines ausführlichen Schlußfalles (62) (63) in den fünften Tone C.

Die Natur der Töne kann nicht genauer befolgt sein, als wenn man alle die verwandten Töne gemäs ihrer Nähe oder Entlegenheit auch lang oder kurz hören läst.

Noch bis bisher ist keine fremde und andere Not vorgekommen, als, was entweder selbst zum Vortrag und zur Antwort gehörte, oder sich darauf bezog.

Wenn man jede Stimme besonders durchgeht: so glaubt man, es sei die Solostimme einer Arie, welche allein herrschen will, und deren Gesang andern begleitenden Stimmen zum Leitfaden dient.

Betrachtet man das Ganze: so sind alle erfoderliche Wohlklänge immer versammelt, keiner zu stark, noch einer zu wenig erhoben. Die Lage entfernt sie nicht zu weit von einander, und sie drängen sich auch nicht.

Die Auflösung der Uebelklänge befolgt streng die Gesetze ihrer Natur.

Also verliehrt das Ganze nichts dadurch, daß jede Stimm melodisch gesetzt ist: Gleichwie das

Gesang jeder Stimm keineswegs empfindet, daß ihre Vereinigung ein Ganzes beistimmen müsse. Und dies sind die erfoderlichen Eigenschaften eines vierstimmigen Satzes, der vom Sisteme gezeuget werden muß und keine Abkömmlinge der Göttin des Gefühls ist.

Die Bewegungen sind nicht neu, sie waren aber noch nicht so eng. Während da die andere scheinen zu schließen, trit der Tenor noch einmal mit dem erstern Satze (64) ein; hiedurch wird Platz, daß vom Diskant (65) und Baß (66) ein doppelter Canon vorgetragen; vom Alt (67) um fünf Töne tiefer; vom Tenor (68) aber um vier Töne höher nachgeahmt werden könne.

Sie richten sich zu einem herrlichen Schlusse (69). Diesen bestimmt die grose Dritte a (70). Und bei dem vermeintlichen Vortrage des Alt (72) mit dem begleitenden Tenor (73) gewinnt der Diskant (74) und Baß (75 der Alt (76) und Tenor (77) die erwünschte Gelegenheit, auf dieselbige Art einen Schlußfall des siebenten vom C (78) in den fünften Ton vom F (79) anzubringen.

Dieser Schlußfall, ein der Kirche eigner Gang, dient zur Erbauung, flöst Andacht ein, und sondert sich himmelweit von den gewöhnlichen Clauseln des Opernstils.

Die

Hiebei entsteht nicht selten eine Zweideutigkeit; daß manche den Hauptton zum Grunde haben wollen, und eben deswegen in einem andern Ton schliesen. z. B.

gr. 6
gr. 4
    3b gr. 3
    B   F

Hier kann nicht F als der erste Ton betrachtet werden; weil die grose Dritte der weichen Tonleiter vom F, und die kleine Dritte vom vorhergehenden B der harten Tonleiter vom F widerspricht.

Also muß es ein zusammen geschmolzener Schlußfall des siebenten Tones vom F und des fünften Tones vom B sein, und folglich würde ein Stück im B schliesen, das im F angefangen hat.

Die Alten hatten überhaupt von den Schlußfällen sehr verworrene Begriffe. Nicht nur dem fünften, sondern sehr oft dem ersten Tone fügten sie auch in der weichen Tonart die grose Dritte bei, im irrigen Wahne, daß die weiche Tonart

art nicht schliefen könne, und hiedurch entstund mehrentheils eine eckelhafte Neuheit. z. B.

```
         6     5
      4 gr. 3 gr.  3.
   Es  F   G       C
```

Was die Noten der zwei leztn Schläge betrift: so ist zu wissen, daß diese Noten jede zwei Schläge bedeuten; aber ausser gegenwärtigem Falle nicht mehr üblich sind.

Man lege also die alten Vorurtheile ab, und pflichte Sätzen bei, die erwiesen worden. Niemanden wird deswegen jemal einfallen, Pergolese sei kein groser Geist gewesen. Ja nicht nur ein groser, sondern einer der grösten seiner Zeit war er ohne allen Zweifel. Er hat das erste stabat mater geschrieben, das die ganze Welt wegen der Leichtigkeit im Vortrage, wegen dem andächtigen Stile, und aller Vortheilen, die man nur kannte, (die wir auch getreu anzeigten) für ein Meisterstück angesehen hat.

Daß er aber nicht die wissenschaftliche Kenntnisse vom inneren besessen, daß ihm vieles blind gerathen, dahingegen mancher Vortheil entgangen sei; daß er auch seichte Regeln angenommen habe, die sich nur auf veränderliche Beobachtungen gründeten,

ten, erweisen die unpartheilsch und philosophisch angebrachte Verbesserungen.

Es kann also einem Zöglinge kein Schulbuch
nützlicher sein, als dasjenige, worin sichere, bestä-
tigte Grundsätze auf mathematischen Beweisen ruhen, die aber vermittels eines kettenmäßigen Bezugs
von Folgerungen auch auf die geringsten praktische
Vorfälle Anspruch haben.

Wird ferner noch dem Schüler ein Meisterstück
eines berühmten Mannes zergliedert; ihm alles
Gute zur Nachahmung vorgestellet, das Schwache gezeigt; dann die Gründe, woraus es geflos-
sen und woraus es zu verbessern sei, thätig erwiesen: so ist es möglich, daß ein fleißiges Talent
auch ohne Lehrmeister durch forschendes Nachdenken die Tonsetzkunst theoretisch und praktisch vor
sich, auch ohne Lehrmeister (dies versprach unsere
Ankündigung vor der Herausgabe unserer gesam-
melten Bemerkungen) erlernen könne.

Frage.

Frage:

welcher Unterschied ist

zwischen

Schlußfall, Uebergang, Ausweichung?

Diese drei Begriffe werden sehr oft mit einander vermischt, wenn sie sich auch wirklich von einander sondern.

Die Deutlichkeit der Begriffe erleichtert uns alle weitere Nachforschungen: so wie uns die nachläsige Vermischung der Kunstwörter in Labyrinte verwickelt.

Jener Ton, aus dem das Stück anfängt, und aufhört, heist Hauptton, die andern Töne, die nicht nur Haupttöne, wie alle sieben Töne der Leiter werden, sondern auch einsweilen solche herrschende Töne vorstellen können, daß sie für einen geringen Zeitraum alle Karakteristik des Haupttons tragen, wovon der siebente in harter, und zweite in weicher Leiter wegen der kleinen Dritte ausgeschlossen, sind sechs Nebentöne, in welcher die Harmomonie während dem Stücke oft schließen und fallen muß.

Diesen Vorgang nennen wir Schlußfall; hier hört die Herrschaft des ersten Tons gleichsam auf, der Bezug aber auf ihn muß vor allen einsweil subaltern herrschenden Nebentönen genau beibehalten werden: deswegen ist es ein Fehler, wenn in einem Stücke aus dem harten C die Tonfolge ins As oder Es übergeht; und dem Gehöre angenehm, wenn A oder E in den Besitz treten; weil leztere den Bezug auf den Hauptton C immer beibehalten, eine unleugbare Einheit erzielen, erstere aber einen weit entfernten Hauptton einführen würden.

Es kann kein Sinn ohne einen regelmäßigen, entscheidenden oder unentscheidenden Schlußfall bestehen.

Es kann aber kein Stück immer in demselbigen Tone harren; sondern die Veränderung, wenn abwechslend die sechs Mitregenten das Staatsruder führen (es sei uns dieser starker Ausdruck erlaubt) verschaft dem Gehöre eine angenehme Unterhaltung, wenn der Harmoniengang vom Haupttone einsweilen abweicht, und wenn die Folge der Zusammenstimmungen in andere Töne übergeht: diese Uebergänge sind die Folge des Schlußfalls,

falls, und nicht jeder Uebergang vom Hauptto‍ne zu Nebentönen ist ein Schlußfall; weil auch der Hauptton, um wieder Besitz zu nehmen, einen Schlußfall nöthig hat: nicht jeder Schlußfall ist ein Uebergang; weil oft im ersten Tone beim Vort‍age, eh noch an einen andern Ton gedacht wird, Schlußfälle vorkommen können.

In einem wohlgeordneten Stück, wo alle Theile zum Ganzen relativ sind, und das Ganze durch einen mangelhaften Theil nicht verschändet werden darf, muß eine strenge Verhältnismäßigkeit zwischen dem Ganzen und seiner Theile, ein genauer Bezug der Theile aufs Ganze beobachtet werden. Vom Haupttone läßt sich wohl in die verwandten übergehen, nie aber von dem immer nothwendig fühlbaren Bezuge gar abweichen.

Nur die Orgel, die verschiedene Tonstücke und z. B. Choralgesänge aus entfernten Tonarten vermitteln soll, muß fremde Tonfolgen, Schlüsse und Fälle der Harmonien, entfernte Uebergänge, d. i. solche Ausweichungen kennen, die das Gehör von einem Haupttone zu einem anderen führen.

Eine Ausweichung kann ohne Schlußfall wenigstens Ausweichung sein, aber nicht schließen,

wie

wie man im Zirkel Tab. XXVI von unentscheidenden Siebenten mit voran schreitet, und deswegen enthält eine Ausweichung, ob sie schon mehr als Schlußfall, und als Uebergang ist, weder für allezeit einen Schlußfall noch Uebergang in sich.

Ein Schlußfall kann aus dem ersten und fünften Tone, den vierten und fünften u. d. bestehen: ein Uebergang geschiehet vom Haupttone in seine Nebentöne, oder von einem Nebentone in einen andern Nebenton: eine Ausweichung geht zwischen entfernten Haupttönen vor.

Dies ist die jedem eigne Charakteristik, ob wir schon in einer sowohl ästhetisch- als philosophischen Sprache (doch ohne Vermischung heterogener Begriffe) dieser Kunstworte wechselsweis uns bedienen.

Ob man aber ohne Schlußfälle
in alle Töne
ausweichen könne, ist eine neue
Frage,
die aus der Lehre von der Mehrdeutigkeit leicht zu beantworten ist; denn wenn es wahr ist, daß

z. B.

z. B. das harte C, das weiche A, das harte F, das weiche D, in sechserlei Gestalten erscheinen dörfen, wenn eben sowohl das weiche A zum C der sechste, wie C vom A der dritte, wie A vom F der dritte, wie F vom A der sechste, wie F vom D der dritte, wie D vom F der sechste Ton sein kann: warum soll nicht jetzo das harte B eintreten, daß ohne Schlußfall, sonsten ausser der Mehrdeutigkeit gewiß nie in den Besitz gekommen wär.

Auf die nämliche Art leitet die Mehrdeutigkeit vom B die Tonfolge ins As ins Fis, E, D, und zuletzt wieder C fort. Und hier erscheint jene zirkelmäßige Fortschreitung ohne Schlußfall, die auf der XXX. Tab. der kuhrpfälzischen Tonschule jederzeit mit einem vermittelnten fünften Tone erschienen war.

C	A	F	D	B
B	G	Es	C	As
As	F	Des	B	Ges
Fis	Dis	H	Gis	E
E	Cis	A	Fis	D
E	H	G	E	C

Eingeschickte Frage.

Welche sind im Generalbasse anschlagende, durchgehende combirende oder Wechselnoten und wie macht man solche einem angehenden Generalbassisten deutlich?

Antwort.

Angeschlagene und durchgehende Noten. Toni reali e cambiati d. i. geltende Töne und Zwischenklänge (*) werden durch die Hauptklänge bestimmt, und da durch die Verlegung oder Umwendung der Stimmen, die Harmonie sich nicht ändert: so gilt dieselbige Ursach vom Baß eben so als von den obern Stimmen.

Das Wort durchgehen ist unzulänglich; weil fehlerhafte Noten eben so wohl durchgehen.

f. I.

(*) Siehe des Mannheimer Schulbuchs Tonsezkunst in den ersten Paragraphen.

f. 1. f. 2. der Achte Dritte v. Hauptst. C.
Sobald man aber
sagt, daß d̲ zwischen e̲ und e̲

     der Dritte Fünfte — —

  f̲.   e̲ g̲

     der Fünfte Achte — — —

 a h̲ g̲ c̲

eingeschaltet werden, daß diese Klänge zwischen bedeutenden und harmonischen Klängen stehen, also diese Töne Zwischenklänge sind: so ist es offenkündig, daß das d̲, welches kein Zwischenklang mehr sein kann, wozu zwei äussere Töne, zwei geltende, mitharmonirende Töne fehlen, unrichtig sei, ob es schon eben so gut als die vorigen durchgehen heisen könnte.

 Käm nun dieser Lauf mit der linken Hand und im Basse vor; so wär es dieselbige Ursache. Die Harmonie vom C müste durchaus andauern, das E und G bekämen die Umwendungen von der C Harmonie nämlich $\overset{6}{\underset{3}{E}}$ und $\overset{6}{\underset{4}{G}}$ und d f a h liefen durch als Note passanti oder Wechselnoten.

           Der

Der Satz der Zwischenklänge, der manchesmal sehr zweideutig schiene, wird durch die
Hauptklänge oder wenigstens durch die untere
letzte Grundstimme bestimmt. Hier lernen wir,
was geltende seien. Harmonische läßt sich nicht
eigentlich sagen, weil auch Uebelklänge, wie die
Siebente, dabei vorkommen. Was Vor- oder
Nachschläge seien, muß auch von den Hauptklängen hergenommen werden.

f. 3)   f und   e sind Vorschläge

          e   d   geltende harmonische Töne.

   zum C   G

f. 4)   e und   f sind Vorschläge.

          f   g   geltende harmonische Töne.

   zum D   G

f. 5)   e   d sind Nachschläge.

          f   e   geltende harmonische Töne.

   zum G   C

                                    f. 6)

f. 6)   f   e ſind Nachſchläge.

         e   d   geltende harmoniſche Töne.

    zum C   G

Sobald man nicht melodiſch, ſondern harmoniſch zu Werke geht: ſo verſchwinden die Vorurtheile; die bloſen Zuſätze, die sila cram Arbeit verliehrt ihr Anſehn und zeigt uns das wahre, das einfache der Natur — Glückſelig diejenigen, die in dem Felde der Wiſſenſchaften nicht durch dunkle Vorurtheile benebelt, verblendet in den Tag hinein irren, ſondern grade zu, in ſchnurgleicher Linie ihren Weg antreten, und mit grader — nicht ſchiefer Richtung ſich ihrem Ziele, einer gründlichen Harmonik, einer überſehenden Kenntniſſe allmählig nähern.